AF618096

Studien und Materialien
zum Straf- und Maßregelvollzug

herausgegeben von
Friedrich Lösel, Gerhard Rehn und Michael Walter

Band 17

Ausländische Gefangene im Strafvollzug

Eine vergleichende Bestandsaufnahme der Vollzugsgestaltung bei ausländischen und deutschen Gefangenen sowie eine Untersuchung zur Anwendung des § 456a StPO

Ergebnisse einer in Nordrhein-Westfalen durchgeführten Aktenanalyse

Nadja Tzschaschel

Centaurus Verlag &
Media UG 2002

Zur Autorin: Nadja Tzschaschel, geb. 1970, studierte Rechtswissenschaft an der Universität zu Köln, 2002 Promotion. Zur Zeit ist sie Rechtsreferendarin.

Die Deutsche Bibliothek – CIP-Einheitsaufnahme

Tzschaschel, Nadja:
Ausländische Gefangene im Strafvollzug : eine vergleichende Bestandsaufnahme der Vollzugsgestaltung bei ausländischen und deutschen Gefangenen sowie eine Untersuchung zur Anwendung des § 456a StPO ; Ergebnisse einer in Nordrhein-Westfalen durchgeführten Aktenanalyse / Nadja Tzschaschel. - Herbolzheim : Centaurus-Verl., 2002
(Studien und Materialien zum Straf- und Massregelvollzug ; Bd. 17)
Zugl.: Köln, Univ., Diss., 2002

ISBN 978-3-8255-0377-2 ISBN 978-3-86226-295-3 (eBook)
DOI 10.1007/978-3-86226-295-3

ISSN 0944-887X

Satz: Vorlage der Autorin

Meinen Eltern

Vorwort

Die vorliegende Arbeit wurde von der Rechtswissenschaftlichen Fakultät der Universität zu Köln im Wintersemester 2001/ 02 als Dissertation angenommen. Das Manuskript wurde im September 2001 abgeschlossen.

Mein besonderer Dank gilt meinem Doktorvater, Herrn Professor Dr. Michael Walter für seine immer freundliche und engagierte Betreuung und Herrn Professor Dr. Seier für die zügige Erstellung des Zweitgutachtens.

Bedanken möchte ich mich ferner beim Bundesministerium der Justiz, dessen finanzielle Unterstützung die Durchführung der Untersuchung erst möglich gemacht hat sowie bei der Arbeitsgruppe Kriminologischer Dienst des Justizministeriums des Landes Nordrhein-Westfalen für die Genehmigung der Akteneinsicht.

Für ihre tatkräftige Hilfe bei der Aktenbeschaffung danke ich den Bediensteten der Justizvollzugsanstalten Aachen, Geldern und Remscheid.

Nicht unerwähnt bleiben darf Herr Thomas Brand von der Kriminologischen Forschungsstelle der Universität zu Köln, der mir geduldig bei allen empirischen Fragen zur Seite stand.

Aufrichtig bedanken möchte ich mich schließlich und nicht zuletzt bei meinen Eltern und meinem Freund Dirk für ihre liebenswerte Unterstützung sowie bei allen, die mich während der Bearbeitungszeit durch Rat und Aufmunterung unterstützt haben.

Köln, den 23.01.2002 Nadja Tzschaschel

Inhaltsverzeichnis

Tabellenverzeichnis

1. Teil - Einführung

I. Ausgangssituation und Problemstellung

Angesichts erheblich gestiegener Gefangenenzahlen, insbesondere bei den ausländischen Gefangenen, stellt sich die Aufgabe, die Hintergründe dieser belastenden Entwicklung aufzuhellen und nach Lösungen zu suchen, welche die qualitativen Standards im (Regel-) Strafvollzug nicht weiter absinken lassen. Notwendig wird eine Politik, mit der die begrenzten Ressourcen auf die Fälle beschränkt werden, in denen die Haft in Deutschland unvermeidbar erscheint. Die vorliegende Studie will hierzu einen Beitrag leisten, indem sie zunächst die vorfindliche Situation detailliert beschreibt und analysiert. Denn eine rationale Kriminalpolitik muss an die empirischen Befunde anknüpfen. Deshalb werden im Folgenden schwerpunktmäßig vergleichende Angaben zur persönlichen und sozialen Lebenslage der Gefangenen, zur Vollzugsgestaltung sowie zur Entlassungspraxis - einschließlich der Zusammenarbeit mit den Ausländerbehörden - vorgetragen. Die Arbeit schließt mit einer Bewertung der betreffenden Daten.

Zur Erfassung der Problematik wird als erstes die rechtliche und tatsächliche Ausgangssituation gekennzeichnet.

1. Statistische Angaben zur Belegungssituation im Strafvollzug

In den letzten zehn Jahren ist die Gesamtbelegung im Strafvollzug sowohl bundes- als auch landesweit drastisch angestiegen, wenn auch ein Anstieg der Gefangenenzahlen nach der Auflösung der DDR zu erwarten war. Während sich im Jahre 1990 bundesweit noch 33334 männliche Gefangene im Strafvollzug befanden, waren dies im Jahre 1999 bereits 50081. Dies stellt einen erheblichen Zuwachs von ganzen 50,2% in nur neun Jahren dar. Auch in Nordrhein-Westfalen stieg die Belegungszahl seit 1990 von 9197 auf 11933 im Jahre 2000, so dass auch hier eine Zunahme von 29,8% vorliegt.

Anzahl und Anteil männlicher Strafgefangener in NRW und in der BRD 1990 - 2000[1]

	Gesamt			Deutsche				Ausländer			
	NRW	BRD		NRW		BRD		NRW		BRD	
1990	9197	33334	100%	8329	90,6%	29103	87,3%	868	9,4%	4231	12,7%
1991	8727	32002	100%	7813	89,5%	27523	86,0%	914	10,5%	4479	14,0%
1992	9039	33940	100%	7964	88,1%	28781	84,8%	1075	11,9%	5159	15,2%
1993	9316	35647	100%	7974	85,6%	29464	82,7%	1342	14,4%	6183	17,3%
1994	9766	37714	100%	8124	83,2%	30053	79,7%	1642	16,8%	7661	20,3%
1995	10042	39776	100%	8118	80,8%	31108	78,2%	1924	19,2%	8668	21,8%
1996	10218	41793	100%	8057	78,9%	32291	77,3%	2161	21,1%	9502	22,7%
1997	10492	43962	100%	8135	77,5%	33296	75,7%	2357	22,5%	10666	24,3%
1998	11525	47916	100%	8866	76,9%	36081	75,3%	2659	23,1%	11835	24,7%
1999	11771	50081	100%	9062	77,0%	37740	75,4%	2709	23,0%	12341	24,6%
2000	11933	---	100%	9210	77,2%	---	---	2723	22,8%	---	---

Dieser Anstieg führte zu einer Veränderung der Gefangenenpopulation, da auch die Anzahl der ausländischen Gefangenen, d.h. der Gefangenen aus einem anderen Kulturkreis stark zugenommen hat. So befanden sich bundesweit im Jahre 1990 noch 4291 Ausländer im Strafvollzug, während dies im Jahre 1999 bereits 12341 waren, so dass sich die Anzahl ausländischer Strafgefangener bundesweit in den vergangenen Jahren nahezu verdreifacht hat. Eine vergleichbare Entwicklung ist für Nordrhein-Westfalen festzustellen. Dort betrug der Anteil der ausländischen Gefangenen an der Gesamtbelegung im Strafvollzug im Jahre 1990 noch 9,4% gegenüber 22,8% im Jahre 2000.

Die Zunahme an ausländischen Strafgefangenen führt in der Vollzugspraxis zur Unterteilung der Gefangenenpopulation in zwei Gruppen. Zum einen in die Gruppe der deutschen Gefangenen, die mit den Möglichkeiten des Strafvollzugs resozialisiert werden sollen und zum anderen in die Gruppe der ausländischen Gefangenen, die vielfach abgeschoben werden und bis zu ihrem Abschiebetermin überwiegend mehr verwahrt als resozialisiert werden.[2]

2. Kollisionslage zwischen Straf- und Ausländerrecht

Die Behandlung straffällig gewordener Ausländer ist gegenwärtig durch ein Zusammenwirken strafrechtlicher und ausländerrechtlicher Komponenten gekennzeichnet, die in ihrer Zielrichtung voneinander abweichen. Während das Strafrecht entsprechend dem in § 2 S.1 StVollzG normierten Vollzugsziel darauf abzielt, den Gefangenen zu einem sozial verantworteten Leben ohne Straftaten zu befähigen, verfolgt das Ausländerrecht abstrakt formu-

---

[1] Quelle: Daten des Landsamtes für Datenverarbeitung und Statistik in NRW, erfasst am 31.3. des jeweiligen Jahres sowie eigene Berechnungen.

[2] Vgl. Finkbeiner/ Karsten/ Meiners, Deeskalationsgruppen mit Inhaftierten unterschiedlicher Nationalität und Kultur in der Jungtäteranstalt Vechta, ZfStrVo 6/ 93, 343-353 S.343

lierte Staatsinteressen.[3] Dieses Zusammenwirken beider Normbereiche mit jeweils unterschiedlicher Intention führt zu einer faktischen Verschärfung der Situation der betreffenden Ausländer. Da das Ausländerrecht ebenfalls Rechtsfolgen an begangene Straftaten knüpft, werden insoweit Strafverschärfungen geschaffen, die über diejenigen des Strafrechts noch wesentlich hinaus reichen, da sie sich auf die gesamte reale Existenzgrundlage des straffällig gewordenen Ausländers auswirken.[4] So eröffnet das Ausländerrecht die Möglichkeit, ausländische Strafgefangene in das Land (zurück)zuschicken, dessen Staatsangehörigkeit sie besitzen. Als Instrument hierzu dient die Ausweisung, die durch Abschiebung zwangsweise durchgesetzt werden kann. Dabei bleibt in der Regel unberücksichtigt, ob der Ausländer bereits in Deutschland geboren wurde oder aufgewachsen ist, so dass Ausländer in ihr „Heimatland" abgeschoben werden, obwohl sie es nicht kennen. Selbst eine für diesen Fall erforderliche Vorbereitung des ausländischen Gefangenen auf das künftige Leben in seinem „Heimatland" wird während des Strafvollzugs[5] vermutlich schwer zu realisieren sein.[6]

Auch wenn die Ausweisung in diesen Fällen nicht als Instrument einer zusätzlichen Bestrafung gedacht ist, so dürfte sie vom betroffenen Ausländer nicht selten als solche empfunden werden, da sie seine Existenz in Deutschland vernichtet und durch das Herausreißen aus den familiären Bindungen und dem gewohnten sozialen Umfeld tief in seine persönlichen Lebensverhältnisse eingreift.[7] Dies trifft insbesondere auf diejenigen ausländischen Gefangenen zu, die im Bundesgebiet aufgewachsen sind und vielfach eine den deutschen Mitinhaftierten vergleichbare Biographie aufweisen. Deren soziale Entwurzelung als Folge der Ausweisung ist programmiert, ohne dass außer der formellen Staatsangehörigkeit sonstige Kriterien für die unterschiedliche Behandlung vorliegen.[8]

Die Ausweisung wegen Straffälligkeit dient als eine Maßnahme des Polizei- und Ordnungsrechts[9] der Gefahrenabwehr. Sie soll somit künftigen Störungen der öffentlichen Sicherheit, der öffentlichen Ordnung oder anderer

---

3 Vgl. Walter, M., Schmülling K., Rechtliche Programme im Konflikt: Resozialisierung junger Straftäter unter den Bedingungen des Ausländerrechts StV 6/ 98, 313-320 S.314; Walter, M. in Neue kriminologische Schriftenreihe der Neuen Kriminologischen Gesellschaft Bd.107, Raum und Kriminalität, Sicherheit der Stadt, Migrationsprobleme S.225

4 Vgl. Walter, M., Schmülling, K., StV 6/ 98 S.320

5 In der JVA Remscheid fand zeitweise während der Freizeit ein solcher Lehrgang für türkische und kurdische Gefangene statt, vgl. Bericht des LMJ 1997 S.40, aufgrund mangelnder Nachfrage konnte dieses Projekt jedoch nicht kontinuierlich fortgeführt werden.

6 Vgl. Finkbeiner/ Karsten/ Meiners, a.a.O. S.346

7 Vgl. in bezug auf junge ausländische Straftäter Walter, M., Schmülling, K., StV 6/ 98 S.314

8 Ventzke, Ausweisung von Inländern - eine nicht bedachte Folge strafgerichtlicher Verurteilungen?, StV 6/ 94, 337-342 S.338

9 Renner, Ausländerrecht § 45 Rn.2

erheblicher Belange der Bundesrepublik Deutschland vorbeugen.[10] Insoweit darf die Ausweisung bei sogenannten „nichtprivilegierten" Ausländern[11] sowohl spezial- als auch generalpräventiv begründet werden[12], mit der Folge, dass ausländische Gefangene selbst dann ausgewiesen werden dürfen, wenn von ihnen künftig keine weiteren Straftaten mehr zu erwarten sind.[13]

Mit der vorliegenden Untersuchung sollen die strafrechtlichen Folgen dieser ausländerrechtlichen Weichenstellungen beschrieben werden. Da diesbezüglich insbesondere die Problematik des Strafvollzugs bisher empirisch nicht eingehend untersucht wurde, konzentriert sich die Untersuchung auf den Strafvollzug und die Mechanismen, mit denen dem Anliegen der Ausländerbehörden bereits im Vorfeld der Ausweisung entsprochen wird. Dabei wird die Frage im Mittelpunkt stehen, in welchem Maße bei ausländischen Gefangenen noch Restbestände herkömmlicher Resozialisierung zu erkennen sind und inwieweit sich die ausländerrechtlichen Rahmenbedingungen auf die Vollzugsgestaltung auswirken.

3. Ausweisung straffälliger Ausländer nach dem Ausländergesetz

Die Ausländerbehörde ist bei Vorliegen eines Ausweisungsgrundes zur Ausübung des ihr übertragenen Ausweisungsermessens verpflichtet.[14] Die allgemeinen Vorschriften für die Ausweisung finden sich in den §§ 45 ff. AuslG. Die dort aufgeführten Bestimmungen werden jedoch durch das privilegierende Sonderrecht für EU-Ausländer[15] und durch eine Vielzahl von völkerrechtlichen Vereinbarungen, welche die Ausweisung von Ausländern besonderer Staatsangehörigkeit nach einer bestimmten Aufenthaltsdauer von der Erfüllung zusätzlicher Anforderungen abhängig machen[16], modifi-

---

[10] Vgl. BVerwG, MDR 1969, 245-246 S.245, 246; BVerwG, DÖV 1979, 375-377 S.376; BVerwGE 59, 112-117 S.113

[11] Privilegiert sind Angehörige eines EU-Staates.

[12] Renner, a.a.O. § 45 Rn.9; Hailbronner, Ausländerrecht; § 45 Rn. 6, ders. in Ausländerrecht, Ein Handbuch Rn.553

[13] Wegner, Die Behandlung straffällig gewordener Einwanderer im neuen Ausweisungsrecht, DÖV 1993 S.1035

[14] Vgl. Fraenkel, Einführende Hinweise zum neuen Ausländergesetz S.240

[15] Eine Ausweisung von EU-Freizügigkeitsberechtigten aus rein generalpräventiven Gründen kommt nicht in Betracht (vgl. § 12 Abs.3 AufenthG/EWG). Ob die in § 12 AufenthG/ EWG enthaltenen Beschränkungen von Ausweisungsmöglichkeiten aufgrund des Art.14 ARB 1/ 80 in gleichem Umfang auch für türkische Staatsangehörige gelten, die als Arbeitnehmer die Voraussetzungen des Art.6 ARB 1/ 180 erfüllen, ist bislang noch ungeklärt, vgl. Hess VGH, Inf AuslR 1994, 173 ff.

[16] Vgl. insbesondere das Europäische Niederlassungsabkommen (Art.3 ENA), Renner, a.a.O. § 45 Rn.40

ziert und eingeschränkt.[17] Ein einheitliches, d.h. für alle Ausländer gleichermaßen geltendes Ausländerrecht existiert somit nicht.[18]

Das Ausländergesetz behandelt die Ausweisung wegen begangener Straftaten in mehreren Abstufungen: § 47 Abs.1 AuslG regelt die zwingende oder Ist-Ausweisung; § 47 Abs.2 AuslG die Regel- oder Soll-Ausweisung und § 45 Abs.1 AuslG die Ermessens- oder Kann-Ausweisung.

3.1. Die zwingende Ausweisung

Sofern der Tatbestand des § 47 Abs.1 AuslG erfüllt ist, ist der betreffende Ausländer zwingend auszuweisen, ohne dass es weiterer besonderer Erwägungen der Ausländerbehörde bedarf.[19]

Eine Ausweisung ist *zwingend* vorgesehen, wenn der Ausländer

- „wegen einer oder mehrerer vorsätzlicher Taten rechtskräftig zu einer Freiheits- oder Jugendstrafe von mindestens drei Jahren verurteilt worden oder wegen vorsätzlicher Straftaten innerhalb von fünf Jahren zu mehreren Freiheits- oder Jugendstrafen von zusammen mindestens drei Jahren rechtskräftig verurteilt oder bei der letzten rechtskräftigen Verurteilung Sicherungsverwahrung angeordnet worden ist (Abs.1 Nr.1) oder

- wegen einer vorsätzlichen Straftat nach dem Betäubungsmittelgesetz, wegen Landfriedensbruches unter den in § 125a S.2 des Strafgesetzbuches genannten Voraussetzungen oder wegen eines im Rahmen einer verbotenen öffentlichen Versammlung oder eines verbotenen Aufzugs begangenen Landfriedensbruches gemäß § 125 des Strafgesetzbuches rechtskräftig zu einer Jugendstrafe von mindestens zwei Jahren oder zu einer Freiheitsstrafe verurteilt und die Vollstreckung der Strafe nicht zur Bewährung ausgesetzt worden ist (Abs.1 Nr.2)."

[17] Vgl. die zusammenfassende Darstellung bei Renner a.a.O. § 45 Rn.26 ff.

[18] Ventzke, a.a.O. S.339

[19] Der Ausweisungstatbestand des § 47 Abs.1 AuslG wurde mit der jüngsten Änderung des Ausländergesetzes am 29.10.1997 wesentlich erweitert bzw. verschärft, BGBL. I 1997, 2584 (2585)

3.2. Die Regel-Ausweisung

Gemäß § 47 Abs.2 AuslG ist der Ausländer *in der Regel* auszuweisen, wenn er

- „wegen einer oder mehrerer vorsätzlicher Straftaten rechtskräftig zu einer Jugendstrafe von mindestens zwei Jahren oder zu einer Freiheitsstrafe verurteilt und die Vollstreckung der Strafe nicht zur Bewährung ausgesetzt worden ist (Abs.2 Nr.1)

- den Vorschriften des Betäubungsmittelgesetzes zuwider ohne Erlaubnis Betäubungsmittel anbaut, herstellt, einführt, durchführt oder ausführt, veräußert, an einen anderen abgibt oder in sonstiger Weise in Verkehr bringt oder mit ihnen handelt oder wenn er zu einer solchen Handlung anstiftet oder Beihilfe leistet (Abs.2 Nr.2) oder

- sich im Rahmen einer verbotenen oder aufgelösten öffentlichen Versammlung oder eines verbotenen oder aufgelösten Aufzugs an Gewalttätigkeiten gegen Menschen oder Sachen, die aus einer Menschenmenge in einer die öffentliche Sicherheit gefährdenden Weise mit vereinten Kräften begangen werden, als Täter oder Teilnehmer beteiligt (Abs.2 Nr.3)."

Sofern der Tatbestand des § 47 Abs.2 AuslG erfüllt ist, darf von der Ausweisung nur dann abgesehen werden, wenn der Sachverhalt so erheblich von der gesetzlich vorausgesetzten Normalsituation abweicht, dass die Ausweisung als ungerecht und insbesondere als unverhältnismäßig erscheinen würde.[20]

3.3. Die Ermessens- Ausweisung

Nach § 45 AuslG i.V.m. § 46 Nr.2 AuslG steht es im pflichtgemäßen Ermessen der Ausländerbehörde, einen Ausländer auszuweisen, wenn dieser einen nicht nur geringfügigen oder vereinzelten Verstoß gegen Rechtsvorschriften, Entscheidungen oder Verfügungen von Behörden oder Gerichten begangen hat. Da es sich bei strafbarem Verhalten grundsätzlich nicht um einen bloß geringfügigen Rechtsverstoß i.S.d. § 46 Abs.2 AuslG handelt[21], ist der Tatbestand des § 45 AuslG i.V.m. § 46 Nr.2 AuslG bei ausländischen Strafgefangenen ausnahmslos erfüllt.

---

[20] Vgl. Renner, a.a.O. § 47 Rn.3

[21] Etwas anderes gilt, wenn das Strafverfahren wegen Geringfügigkeit eingestellt wurde, vgl. Fraenkel, a.a.O. S.252; Walter, M., Schmülling, K., StV 6/ 98 S.315

Im Rahmen ihrer Ermessensausübung hat die Ausländerbehörde ein schutzwürdiges Interesse des Ausländers an dessen Verbleib in Deutschland gegen das öffentliche Interesse an der Aufrechterhaltung von Sicherheit und Ordnung gemäß § 45 Abs.2 Nr.1, 2 AuslG abzuwägen[22], wobei sie auch die privaten Belange des betreffenden Ausländers in die Abwägung mit einzubeziehen hat.[23] Bei ihrer spezialpräventiven Beurteilung ist die Ausländerbehörde allerdings nicht an die während des Strafvollzugs erstellten Resozialisierungsprognosen gebunden.[24] Dies ist bedauerlich, da die Beurteilung des Gefangenen durch die Vollzugsbediensteten eine höhere Aussagekraft aufweist als die lediglich an den Akten orientierte Beurteilung durch die Ausländerbehörde. Auch an die strafrichterliche Sozialprognose im Rahmen einer Entscheidung über die Strafrestaussetzung zur Bewährung nach § 57 Abs.1, 2 StGB ist die Ausländerbehörde bei ihrer Ermessensausübung nicht gebunden, so dass die Ausweisung des ausländischen Gefangenen trotz einer zuvor erfolgten Aussetzung des Strafrestes zulässig ist.[25]

3.4. Ausweisungsschutz

Privilegierende Vorschriften für bestimmte Gruppen von Ausländern enthält § 48 AuslG.

Nach dieser Vorschrift erfahren Ausländer besonderen Ausweisungsschutz,

- deren Aufenthaltsstatus förmlich besonders verfestigt ist (Abs.1 Nr.1, 5 und 6),
- die aufgrund ihrer Lebensgeschichte bzw. ihrer gegenwärtigen Situation in Deutschland besonders verwurzelt sind (Abs.1 Nrn. 2-4, Abs.2),
- die gegenwärtig nicht widerlegbar besonders schutzbedürftig sind (Abs.3).[26]

Einschränkungen ergeben sich jedoch für die Fälle der zwingenden und der Regel-Ausweisung. Hier besteht der Ausweisungsschutz lediglich darin, dass für Ausländer, die nach § 48 Abs.1 AuslG erhöhten Ausweisungs-

---

[22] BverfGE 19, 394-399 S.396
[23] In der Praxis erweist sich dieser Regelungsversuch wegen des verwaltungsgerichtlich nur eingeschränkt zu überprüfenden Ermessensspielraums der Ausländerbehörden (vgl. 114 VwGO) als wenig effekiv, vgl. Ventzke, a.a.O. S.340
[24] Vgl. Walter, M., Schmülling, K., StV 6/ 98 S.315; Renner, a.a.O. § 46 Rn.19
[25] Renner, a.a.O. § 46 Rn.19
[26] Vgl. zu dieser zusammenfassenden Darstellung: Ventzke, a.a.O. S.339

schutz erfahren, in § 47 Abs.3 S.1, 2 AuslG eine Herabstufung der zwingenden zur Regel-Ausweisung und der Regel- zur Ermessens-Ausweisung bestimmt wird.

3.5. Rechtsfolgen einer wirksam verfügten Ausweisung

Aus einer wirksam verfügten Ausweisung folgt gemäß den §§ 42 Abs.1, Abs.3, 44 Abs.1 Nr.1 AuslG die Pflicht des betreffenden Ausländers, aus dem Bundesgebiet auszureisen, sowie ein Einreise- und Aufenthaltsverbot nach § 8 Abs.2 AuslG. Die Ausreisepflicht des Ausländers wird bei deren Vollziehbarkeit notfalls gemäß den §§ 49 ff. AuslG durch Abschiebung vollzogen. Unter Anwendung der noch näher darzustellenden Vorschrift des § 456a StPO kann der ausgewiesene ausländische Gefangene auch bereits aus der Haft heraus abgeschoben werden.

4. Auswirkungen der ausländerrechtlichen Vorgaben auf die Vollzugsgestaltung

Die ausländerrechtlichen Vorgaben wirken sich nicht nur auf den aufenthaltsrechtlichen Status des ausländischen Gefangenen aus, sondern beeinflussen auch eine an dem Vollzugsziel der Resozialisierung orientierte Vollzugsgestaltung. Zwar enthält das in § 2 S.1 StVollzG normierte Vollzugsziel der Resozialisierung insoweit keine nationalitätsbezogenen Einschränkungen, so dass der Behandlungsvollzug grundsätzlich allen Strafgefangenen unabhängig von deren Staatsangehörigkeit gleichermaßen zuteil werden muss[27]; dennoch führt die ausländerrechtliche Situation bei einem großen Teil der ausländischen Gefangenen dazu, dass das Behandlungsangebot des Vollzugs so verkürzt ist, dass sich der Strafvollzug bei den betreffenden Gefangenen als reiner Verwahrvollzug darstellt.[28]

4.1. Offener Vollzug/ Vollzugslockerungen/ Urlaub aus der Haft

Bereits hinsichtlich der zentralen Behandlungsmaßnahmen offener Vollzug, Vollzugslockerung und Hafturlaub ergeben sich aus den bundeseinheitlichen Verwaltungsvorschriften zum StVollzG massive Zugangsbeschränkungen für ausländische Gefangene.

So bestimmt die Verwaltungsvorschrift zu § 10 StVollzG in Nr.1 Abs.1 lit.c VV StVollzG, dass vom offenen Vollzug solche Gefangene ausgeschlossen sind, „gegen die eine vollziehbare Ausweisungsverfügung für den Geltungs-

[27] Vgl. insoweit ähnlich zum Jugendstrafvollzug: Walter,M., Schmülling, K., StV 6/ 98 S.317
[28] Vgl. für jugendl. Strafgefangene: Finkbeiner/ Karsten/ Meiners, a.a.O. S.343; Walter, M., Schmülling, K., StV 6/ 98 S.317

bereich des Strafvollzugsgesetzes besteht und die aus der Haft abgeschoben werden sollen." Nach Nr.1 Abs.2 S.1 VV StVollzG sind Ausnahmen nur mit Zustimmung der Aufsichtsbehörde[29] zulässig und bedürfen nach Nr.1 Abs.2 S.2 VV StVollzG des Benehmens mit der zuständigen Ausländerbehörde. Darüber hinaus gelten gemäß Nr.2 Abs.1 lit.d VV StVollzG Gefangene, „gegen die ein Ausweisungsverfahren anhängig ist" als in der Regel ungeeignet für die Unterbringung im offenen Vollzug. Ausnahmen von Nr.2 Abs.1 VV StVollzG können gemäß Nr.2 Abs.2 VV StVollzG zugelassen werden, wenn besondere Umstände vorliegen und die Ausländerbehörde gehört worden ist. Für die Außenbeschäftigung, den Freigang und Ausgang finden sich die genannten Einschränkungen in der Verwaltungsvorschrift zu § 11 StVollzG in Nr.6 Abs.1 lit.c, Abs.2; Nr.7 Abs.2 lit.d, Abs.3 VV StVollzG. Entsprechende Maßgaben für die Gewährung von Urlaub aus der Haft enthält die Verwaltungsvorschrift zu § 13 StVollzG in Nr.3 Abs.1 lit.c, Abs.2; Nr.4 Abs.2 lit.e, Abs.3 VV StVollzG.

Durch die genannten Vorschriften sind die Möglichkeiten der Vollzugsbehörden weitgehend eingeschränkt, wenn die Ausländerbehörden ihre Zustimmung zu entsprechenden vollzuglichen Maßnahmen verweigern, um eine eventuelle Ausweisung des Gefangenen zu sichern. Allerdings ist die Ausländerbehörde in den Fällen eines erst anhängigen Ausweisungsverfahrens nur zu hören, so dass sich die Vollzugsbehörde insoweit unter Behandlungsgesichtspunkten über die Ansicht der Ausländerbehörde hinwegsetzen kann.[30]

4.2. Maßnahmen der Ausbildung und Weiterbildung

Auch hinsichtlich der Teilnahme an Maßnahmen der Aus- und Weiterbildung sind die Partizipationschancen für ausländische Gefangene aufgrund der ausländerrechtlichen Situation erheblich eingeschränkt. So ist es bereits schwierig, die ausländischen Gefangenen für die Teilnahme an entsprechenden Bildungsmaßnahmen zu motivieren, da sie wegen der drohenden Ausweisung häufig nicht einschätzen können, ob ihnen die Aus- oder Weiterbildung nach der Haftentlassung in irgendeiner Form nützlich sein kann.[31] Zudem hat nicht jede Vollzugsanstalt die Möglichkeit, berufliche Ausbildungsmaßnahmen „vor Ort" anzubieten, so dass eine Teilnahme des ausländischen Gefangenen an berufsfördernden Maßnahmen mitunter bereits an der Ablehnung der erforderlichen Ausgangsgewährung zu den entspre-

---

[29] Die Aufsicht über die Strafanstalten führen die Justizvollzugsämter, vgl. § 151 Abs.1 S.2 StVollzG

[30] Vgl. zum Jugendstrafvollzug: Walter, M., Schmülling, K.., StV 6/ 98 S.318; Chaidou, Junge Ausländer im deutschen Strafvollzug RdJB 32, 1984, S.350

[31] Vgl. zum Jugendstrafvollzug: Walter, J., Auch wenn Kassandra selten gehört wird..., DVJJ-Journal 1993, 245-249 S.248

chenden Ausbildungsstätten außerhalb der Anstalt scheitert.[32] Hinzu kommt, dass ausländische Gefangene, sofern die entsprechenden Maßnahmen durch das Arbeitsamt finanziert werden, nur dann gefördert werden, wenn gewährleistet ist, dass sie nach ihrer Entlassung dem deutschen Arbeitsmarkt zur Verfügung stehen werden.[33] Dies aber ist bei einer drohenden Ausweisung gerade nicht der Fall.

Aus den genannten Gesichtspunkten ergibt sich Folgendes: Je später nach Haftantritt die zuständige Ausländerbehörde über die (Nicht-) Ausweisung des Gefangenen entscheidet, desto ungünstiger wirkt sich dies auf die Behandlungsmöglichkeiten des Strafvollzugs aus[34], sofern sich nicht die Vollzugsbehörde bei einem noch anhängigen Verfahren über die Ansicht der Ausländerbehörde hinwegsetzt.

5. Gang des ausländerbehördlichen Verfahrens

Zu welchem Zeitpunkt über die Ausweisung des Gefangenen entschieden wird, hängt maßgeblich von der Ausweisungspraxis und den Kapazitäten der jeweiligen Ausländerbehörde sowie davon ab, ob der Gefangene den Verwaltungsrechtsweg ausschöpft. Dabei ist der Gang des ausländerbehördlichen Verfahrens zunächst bei allen straffällig gewordenen Ausländern gleich. Dass die Ausländerbehörde von den strafrechtlichen Ermittlungen erfährt, ist Folge der Regelung des § 76 Abs.4 S.1 AuslG, wonach die Staatsanwaltschaft dazu verpflichtet ist, die zuständige Ausländerbehörde unverzüglich über die Einleitung des Verfahrens zu unterrichten. Ein Ausländer, gegen den öffentliche Klage erhoben oder ein strafrechtliches Ermittlungsverfahren eingeleitet worden ist, darf jedoch gemäß § 64 Abs.3 AuslG nur im Einvernehmen mit der zuständigen Staatsanwaltschaft ausgewiesen und abgeschoben werden. Folglich wird die Ausländerbehörde vor einer entsprechenden Entscheidung zunächst den Abschluss des Strafverfahrens abwarten, da die Staatsanwaltschaften aufgrund generalpräventiver Erwägungen ihr Einverständnis zu einer vorzeitigen Ausweisung des Gefangenen in der Regel nicht erteilen.[35] Deshalb wird das Ausweisungs-

---

[32] Vgl. Walter, M., Schmülling, K., StV 6/ 98 S.319

[33] Vgl. §§ 59 ff., §§ 63 ff. SGB III (ehemals §§ 33 ff.; §§ 40-47 AFG). Mit dem Gesetz zur Reform der Arbeitsförderung (AFRG) vom 24.3.1997 (BGBl. I 594) wurden die arbeitsförderungsrechtlichen Vorschriften des AFG grundlegend überarbeitet und zum 1.1.1998 als Drittes Buch (SGB III) in das Sozialgesetzbuch ein-gestellt; siehe Schaub, Arbeitsrechts-Handbuch § 19 Rn.1

[34] Vgl. Chaidou, a.a.O. S.349

[35] Vgl. Walter, M., Schmülling, K., StV 6/ 98 S.318

verfahren zumeist erst bei Strafantritt eingeleitet[36], woraus jedoch nicht zwingend auch eine baldige Entscheidung über die Ausweisung des betreffenden Ausländers resultiert.

Die Unsicherheit über die Bewertung des früheren Tatgeschehens seitens der Ausländerbehörden behindert aber die Vollzugsgestaltung und belastet zudem auch persönlich den Gefangenen, der eventuell über erhebliche Zeitspannen hinweg in existenzieller Ungewissheit belassen wird.[37] Eine rasche Entscheidung über die Ausweisung wäre somit angebracht, zumal es bei ausgewiesenen ausländischen Gefangenen nahe liegt, von der Möglichkeit des § 456a StPO Gebrauch zu machen und von der weiteren Vollstreckung der Freiheitsstrafe abzusehen. In wie vielen Fällen tatsächlich nach dieser Vorschrift verfahren wird, ist unbekannt, weil die Entscheidungen nach § 456a StPO statistisch nicht erfasst werden.

Aus diesem Grund sollen mit der vorliegenden Untersuchung Erkenntnisse zur Praxis des § 456a StPO gewonnen werden. Hierbei interessiert insbesondere, bei welchem Anteil der ausländischen Gefangenen, die für eine solche Maßnahme in Betracht zu ziehen sind, tatsächlich von der weiteren Vollstreckung der Freiheitsstrafe abgesehen wird und zu welchem Zeitpunkt der Haftverbüßung das Absehen von der weiteren Vollstreckung entsprechend der staatsanwaltschaftlichen Verfügung „wirksam werden soll".

6. Absehen von der Strafvollstreckung gegenüber Ausländern nach § 456a StPO

Wie bereits erwähnt kann gemäß § 456a StPO die Vollstreckungsbehörde von der weiteren Vollstreckung der Freiheitsstrafe absehen, wenn der Verurteilte aus dem Geltungsbereich der StPO ausgewiesen wird.[38] Sofern § 456a StPO insoweit nicht von einem „ganzen oder teilweisen" Absehen von der Vollstreckung spricht, ist es unbestritten, dass die Vorschrift auch für den Fall angewendet werden kann, dass bereits ein Teil der zu vollstreckenden Freiheitsstrafe verbüßt wurde.[39] § 456a StPO stellt somit eine Aus-

[36] Vgl. Kleinjans, Straffälligkeit türkischer Staatsangehöriger in Deutschland. Dissertation Köln 1996 S.46, 47; Gemeinschaftskommentar zum Ausländerrecht § 76 Rn.141; ders. §45 Rn.78

[37] Walter, M., Schmülling, K., StV 6/ 98 S.320

[38] Die Vollstreckungsbehörde kann zudem von der Vollstreckung einer Ersatzfreiheitsstrafe oder einer Maßregel der Besserung und Sicherung absehen, auch unter der Voraussetzung, dass der Verurteilte wegen einer anderen Tat einer ausländischen Regierung ausgeliefert wird (vgl. § 456a Abs.1 StPO).

[39] Vgl. Kleinknecht/ Meyer-Goßner, Kommentar zur Strafprozessordnung § 456a Rn.4

nahme von der aus dem Legalitätsprinzip abzuleitenden[40] grundsätzlichen Pflicht dar, rechtskräftige Strafurteile auch konsequent zu vollstrecken.[41]

6.1. Sinn und Zweck des § 456a StPO

Nach der Intention des damaligen Gesetzgebers verfolgte die durch § 50 des Deutschen Auslieferungsgesetzes vom 23.12.1929[42] in die StPO eingeführte Norm zunächst rein staatliche Interessen, worunter insbesondere die Ersparnis von Vollstreckungskosten fiel.[43] Unter Zugrundelegung der neueren gesetzgeberischen Intentionen[44] liegt der Zweck des § 456a StPO hauptsächlich darin, eine unter Berücksichtigung justizökonomischer Gesichtspunkte präventiv unnötige Haftverbüßung sowie eine übermäßige Belastung des ausgewiesenen Gefangenen durch besonders belastende Haftbedingungen[45] oder durch die Ausweisung selbst zu verhindern. So muss die Bevölkerung nicht mehr vor dem ausgewiesenen Straftäter geschützt und dieser nicht mehr für die Wiedereingliederung in die hiesige Gesellschaft resozialisiert werden. Vor allem aber sind die Gestaltungsmöglichkeiten des Strafvollzugsgesetzes, mit denen einer sozialen Entwurzelung des Gefangenen entgegengewirkt werden soll, bei ausländischen Gefangenen oftmals kaum nutzbar.[46]

Obwohl die Vorschrift des § 456a StPO bereits 1929 in die StPO eingeführt und 1934 erheblich erweitert wurde[47], wurde sie bis in die achtziger

[40] Groß, Zum Absehen von der Strafvollstreckung gegenüber Ausländern, StV 1/ 87 (36-40) S.36

[41] Vgl. Giehring, Das Absehen von der Strafvollstreckung bei Ausweisung und Auslieferung ausländischer Gefangener nach § 456a StPO in: Strafverfolgung und Strafverzicht, FS zum 125jährigen Bestehen der Staatsanwaltschaft Schl-Holst, 1992, 469-509 S.470; Groß, a.a.O. S.36

[42] RGBL. I S.139

[43] Vgl. Groß, a.a.O. S.36; Giehring, a.a.O. S.499

[44] § 456a StPO wurde durch das 23. StÄG vom 13.4.1986 insoweit geändert, dass die Ersatzfreiheitsstrafe in den Anwendungsbereich der Vorschrift einbezogen und das Verfahren der Nachholung der Vollstreckung bei Rückkehr in die Bundesrepublik in Abs.2 vereinfacht wurde. Beide Änderungen sollten erklärtermaßen „zur Entlastung des Strafvollzugs beitragen". Begründung RegE BT-Dr 10/ 2720 S.16; vgl. Giehring, a.a.O. S.480

[45] Dieser Aspekt wird auch in den Verwaltungsvorschriften in NRW genannt, nach denen „die besondere Situation ausländischer Strafgefangener zu berücksichtigen ist, die wegen bestehender Sprachbarrieren und ihrer Herkunft aus anderen Kulturkreisen an vielen Erziehungs- und Freizeitprogrammen nicht teilnehmen können und von Vollzugslockerungen und Urlaub oftmals ausgeschlossen sind."

[46] So Groß, a.a.O. S.36; vgl. zur Auseinandersetzung mit der Zielsetzung der Vorschrift: Giehring a.a.O. S.479 ff.

[47] Durch Art.II Nr.38 AGGewVerbrG i.V.m. § 8 des Gesetzes über Reichsverweisungen vom 23.3.1934 (RGBL. I 213) wurde § 456a StPO dahingehend erweitert, dass nicht nur von der Vollstreckung von Freiheitsstrafe, sondern auch von der von Maßregeln der Sicherung und Besserung abgesehen werden kann und dass das Absehen von Vollstreckung nicht nur bei Auslieferung, sondern auch bei einer Reichsverweisung zulässig

Jahre hinein selten angewandt und erst unter dem Druck der Überbelegung der Justizvollzugsanstalten auf Initiative der Landesjustizverwaltungen gezielt eingesetzt.[48] Hierbei kann insgesamt angesichts der gesetzlich wenig vorstrukturierten Entscheidung, bei der nicht nur über das Ob, sondern auch über das Ausmaß des Absehens von der weiteren Vollstreckung zu befinden ist, generell von einer regional unterschiedlichen Anwendungspraxis des § 456a StPO ausgegangen werden.[49]

Um die Anwendung der Vorschrift einheitlicher zu gestalten, haben die Justizverwaltungen der Länder Verwaltungsvorschriften zu § 456a StPO erlassen[50], die in den wesentlichen Punkten weitgehend übereinstimmen.[51]

6.2. Die Regelungen zu § 456a StPO

In allen Bundesländern ist für den Regelfall das Absehen von der weiteren Vollstreckung zum Zeitpunkt der Verbüßung der Hälfte einer zeitigen Freiheitsstrafe festgesetzt.[52] Unter bestimmten Voraussetzungen kann auch völlig oder vor Verbüßung der Hälfte einer zeitigen Freiheitsstrafe von der (weiteren) Vollstreckung abgesehen werden. In Nordrhein-Westfalen besteht diese Möglichkeit dann, „wenn neben der Verurteilung eine in dem Verfahren erlittene Freiheitsentziehung, die Auslieferung oder die Ausweisung zur Einwirkung auf den Verurteilten und zur Verteidigung der Rechtsordnung ausreichend erscheint. Dabei ist auch eine etwa zu erwartende weitere Bestrafung des Verurteilten in seinem Heimatland mit zu berücksichtigen."[53] Eine über den Halbstrafenzeitpunkt hinausgehende Vollstreckung ist in allen Bundesländern grundsätzlich möglich, jedoch enthalten die Verwaltungsvorschriften zumeist Einschränkungen, nach denen eine weitere Vollstreckung nur unter engen Voraussetzungen erfolgen soll. In Nordrhein Westfalen kommt eine über den Halbstrafenzeitpunkt hinausgehende Vollstreckung dann in Betracht, „wenn dies aus besonderen, in der Tat oder in der Person des Verurteilten liegenden Gründen oder zur Verteidigung der Rechtsordnung unabweisbar geboten ist". Zu dieser Fallgruppe dürften ins-

---

wurde. Ferner wurde Abs.2 eingefügt. Löwe-Rosenberg, Kommentar zur Strafprozessordnung, vor § 456a Rn.1

[48] Vgl. Walter/ Geiter/ Fischer, Halbstrafenaussetzung - ein ungenutztes Institut zur Verringerung des Freiheitsentzugs, NstZ 1989, 405-417 S.415

[49] Vgl. Giehring, a.a.O. S.471; so auch Walter, M.; Schmülling, K., StV 6/ 98 S.320

[50] Lediglich in Rheinland-Pfalz ist eine solche Regelung noch in Vorbereitung. Vgl. zu den Regelungen im einzelnen: Bammann, Die Unterbrechung der Strafvollstreckung bei Auslieferung oder Ausweisung, MschKrim Heft 2 2001, 91-106 S.95 ff.

[51] Unterschiede zwischen den Verfügungen bestehen hinsichtlich der lebenslangen Freiheitsstrafe, Bammann, a.a.O. S.100

[52] Vgl. Bammann, a.a.O. S.97; für NRW Abs.1 Nr.1 der RV d. JM NRW vom 29.10.1987

[53] Vgl. Punkt I.2. der RV d. JM NRW; die Regelungen sind inhaltlich und auch wörtlich nahezu identisch mit den Regelungen in Hessen und Baden-Württemberg.

besondere die in der Rundverfügung in NRW ausdrücklich genannten Tätergruppen gehören, „bei denen das öffentliche Interesse eine nachhaltige Strafverfolgung und Strafvollstreckung gebietet (z.B. gefährliche Rauschgifttäter mit internationalen Beziehungen)."

In den meisten Bundesländern werden die Voraussetzungen des § 456a StPO von Amts wegen zum Halbstrafen- und zum Zweidrittel-Zeitpunkt geprüft. In Nordrhein-Westfalen ist zudem eine Prüfung bei Einleitung der Vollstreckung vorgesehen.[54]

6.3. Entscheidungskriterien für die Anwendung des § 456a StPO

Da es sich bei § 456a StPO um eine Kann-Bestimmung handelt, steht es im Ermessen der Strafvollstreckungsbehörde, ob sie bei Vorliegen der entsprechenden Voraussetzungen von der weiteren Vollstreckung der Freiheitsstrafe absieht oder nicht. Über den Gleichbehandlungsgrundsatz des Art.3 Abs.1 GG i.V.m. der Selbstbindung der Verwaltung kann das Ermessen reduziert sein, sofern sich die Vollstreckungsbehörde durch die Verwaltungsvorschriften zu § 456a StPO auf eine bestimmte Verwaltungspraxis festgelegt hat. Grundsätzlich hat der Gefangene jedoch keinen Anspruch auf ein Vorgehen nach § 456a StPO, sondern lediglich ein Recht auf fehlerfreie Ermessensausübung seitens der zuständigen Staatsanwaltschaft. § 456a StPO enthält allerdings keinerlei Kriterien für die Handhabung des Ermessens. Dennoch sind verschiedene sachbezogene Motive im Rahmen der Ermessensausübung zu berücksichtigen. Ganz generell ist zunächst davon auszugehen, dass die Staatsanwaltschaft grundsätzlich gemäß § 456a StPO von der weiteren Vollstreckung abzusehen hat[55], so dass die Nicht-Anwendung der Vorschrift den Ausnahmefall darstellt. In ihre Entscheidungsfindung hat die Staatsanwaltschaft insbesondere die Belastungen des Verurteilten durch die Ausweisung/ Auslieferung selbst und auch durch die daraus resultierende (Nicht-) Gestaltung des Strafvollzugs aufzunehmen. Eine solche Belastung stellt vor allem die Versagung von Vollzugslockerungen sowie die Versagung der Teilnahme an Aus- und Weiterbildungsmaßnahmen dar. Auch fehlende Bindungen des Gefangenen in Deutschland, die Herkunft des Gefangenen aus einem anderen Kulturkreis sowie durch die Inhaftierung erschwerte familiäre Verhältnisse in der Heimat können als Entscheidungskriterien zu beachten sein.[56] Ebenso kann der Wille des Gefangenen, dass die Strafe weiterhin vollstreckt wird, zu berücksichtigen sein, wenn die zugrunde liegenden Motive nachvollziehbar und akzeptabel sind, damit die auch dem Interesse des Verurteilten dienende Vorschrift sich aus

---

[54] Vgl. Punkt II.1. der RV d. JM NRW

[55] Vgl. Giehring, a.a.O. S.498

[56] Vgl. zur Auseinandersetzung mit den einzelnen Entscheidungskriterien: Giehring, a.a.O. S.482 ff.

seiner Sicht nicht nachteilig für ihn auswirkt.[57] Die Staatsanwaltschaft hat nicht zuletzt auch die notwendige generalpräventive Funktion der Strafvollstreckung, insbesondere gegenüber der organisierten internationalen Kriminalität, die Tat- und Schuldschwere sowie eine mögliche Wiederholungsgefahr in ihre Entscheidung einzubeziehen.[58]

6.4. Das Verhältnis von § 456a StPO zu den §§ 57, 57a StGB[59]

Während mit der Anwendung des § 456a StPO in erster Linie justizökonomische Interessen verfolgt werden, liegt der Zweck der §§ 57, 57a StGB darin, dem Gefangenen zu einem straffreien Leben in Freiheit zu verhelfen.[60] Da sich die beiden Vorschriften somit in ihrer Zielsetzung nicht berühren, sind beide Normen ohne Rücksicht auf die Voraussetzungen der jeweils anderen Vorschrift uneingeschränkt anwendbar.[61] Von daher kann die Staatsanwaltschaft, selbst wenn das Vollstreckungsgericht bereits die Entlassung nach den §§ 57, 57a StGB zu einem bestimmten Zeitpunkt beschlossen hat, auch noch vor diesem Zeitpunkt gemäß § 456a StPO von der weiteren Vollstreckung der Freiheitsstrafe absehen.[62]

II. Anliegen der Untersuchung

Aufgrund der zuvor dargestellten rechtlichen Rahmenbedingungen ist zu erwarten, dass ausländische Gefangene vielfach von den zentralen Behandlungsmaßnahmen Offener Vollzug, Vollzugslockerungen sowie Urlaub aus der Haft ausgenommen werden. Das gleiche gilt für die Teilnahme ausländischer Gefangener an Maßnahmen der Aus- und Weiterbildung. Stets fragt sich, inwieweit die Vollzugsgestaltung durch die ausländerbehördliche Praxis beeinträchtigt wird. Um diesbezüglich konkrete Aussagen treffen zu können, ist es notwendig, entsprechenden Fragestellungen anhand einer empirischen Untersuchung nachzugehen. Hierbei ist es zweckmäßig, eine Stichprobe zu bilden, die sich aus ausländischen und deutschen Gefangenen zusammensetzt, so dass ein Vergleich zwischen den Gefangenengruppen gezogen werden kann. Da durch den Vollstreckungsverzicht nach § 456a StPO besonders belastende Haftsituationen für ausgewiesene ausländische Gefangene vermieden werden können, erscheint

57 Vgl. Giehring, a.a.O. S.496

58 Vgl. Groß, a.a.O. S.39

59 Zum Konkurrenzverhältnis von § 456a StPO zu § 71 IRG siehe Groß, a.a.O. S.38, 39; Giehring, a.a.O. S.477, 488; das Konkurrenzverhältnis soll hier nicht näher erörtert werden, da zur Anwendungspraxis des § 71 IRG keine Daten erhoben wurden.

60 Vgl. Horn in Systematischer Kommentar zum Strafgesetzbuch § 57 Rn.2

61 Das Gleiche gilt für § 57a StGB.

62 Vgl. Groß, a.a.O. S.38

es ferner angezeigt, Erkenntnisse zur Anwendung der empirisch bisher nicht untersuchten Vorschrift des § 456a StPO zu gewinnen.

III. Gang der Darstellung

Die Untersuchung gliedert sich in drei Abschnitte:

Der erste Teil dient einer allgemeinen Bestandsaufnahme, durch welche die Stichprobe mit Hilfe zentraler sozio- und legalbiographischer Daten der Gefangenen ausführlich beschrieben werden soll. Dabei wird zunächst die Gruppe der ausländischen Gefangenen anhand der rein ausländerspezifischen Merkmale, wie z.B. der Aufenthaltsdauer und dem Aufenthaltsstatus des Gefangenen in Deutschland näher definiert werden. Daran schließt die Beschreibung der gesamten Stichprobe hinsichtlich allgemeiner Sozialdaten der Gefangenen an. Danach erfolgt eine ebenfalls vergleichende Darstellung der Gefangenengruppen anhand der Daten zur Legalbiographie.

Nachdem die Stichprobe näher beschrieben worden ist, wird im zweiten Teil der Arbeit die praktische Gestaltung des Strafvollzugs im Blickpunkt der Untersuchung stehen. Um feststellen zu können, ob die ausländischen Gefangenen in gleichem Maße in das Behandlungsprogramm des Strafvollzugs einbezogen werden wie die deutschen Gefangenen, sind die entsprechenden Daten auch insoweit im Vergleich der Gefangenengruppen darzustellen. Durchgängig wird die Frage im Mittelpunkt stehen, in welchem Umfang trotz der ausländerrechtlichen Situation versucht wird, ausländische Gefangene während des Strafvollzugs zu resozialisieren.

Im Zusammenhang mit der Vollzugsplanung und Vollzugsgestaltung soll überdies - soweit möglich - die ausländerbehördliche Praxis erkundet werden. Dabei wird zu ermitteln sein, zu welchem Zeitpunkt der Haftverbüßung es zum ersten Kontakt zwischen Ausländer- und Vollzugsbehörde gekommen ist und nach welchem Anteil der Gesamtverbüßungszeit über die (Nicht-) Ausweisung des ausländischen Gefangenen entschieden wurde bzw. zu welchem Zeitpunkt die Vollzugsbehörde Kenntnis von der entsprechenden Ausweisungsentscheidung erlangt hat.

Im dritten Teil der Arbeit wird untersucht werden, aufgrund welcher Vorschrift und zu welchem Zeitpunkt der Haftverbüßung die Gefangenen aus der Haft entlassen wurden. Es interessiert vor allem die Praxis des § 456a StPO. Im Mittelpunkt dieser Untersuchung wird die Frage stehen, bei wie vielen der ausländischen Gefangenen, die für eine Maßnahme nach § 456a StPO in Betracht kamen, auch faktisch von der weiteren Vollstreckung der Freiheitsstrafe aufgrund dieser Vorschrift abgesehen wurde. Hierbei wird zum einen auch überprüft werden, aus welchem Grund bei denjenigen Gefangenen, die für ein solches Vorgehen mangels der erforderlichen Ausweisungsverfügung nicht in Erwägung zu ziehen waren, eine Ausweisungsverfügung nicht ergangen war. Zum anderen soll erforscht werden, aufgrund welcher Umstände eine Maßnahme nach § 456a StPO bei einem Teil der

Gefangenen trotz des Vorliegens der erforderlichen Ausweisungsverfügung nicht erfolgte. Im weiteren Verlauf der Darstellung wird dann erkundet werden, zu welchem Zeitpunkt der Vollstreckungsverzicht wirksam wurde.

Zu den genannten Punkten liegen bislang kaum Erkenntnisse vor, da sich die wenigen bisher durchgeführten Untersuchungen schwerpunktmäßig auf andere Fragestellungen bezogen und überdies weitgehend den Jugendstrafvollzug zum Gegenstand hatten.

IV. Stand der empirischen Forschung

1. Im Jahre 1997 wurde eine Entlassungsuntersuchung[63] in Baden-Württemberg durchgeführt, die sich ausschließlich auf junge ausländische Gefangene bezog. Im Rahmen dieser Untersuchung konnte festgestellt werden, dass die Partizipationschancen junger ausländischer Gefangener an Vollzugslockerungen sehr begrenzt waren. So hatten im Jahre 1996 nur 27,6% der ausländischen gegenüber 62,1% der deutschen Gefangenen Ausgang. Auch der Anteil der ausländischen Gefangenen, die während des Vollzugs mindestens einmal Urlaub hatten, lag mit 19,1% deutlich unter dem entsprechenden Anteil der deutschen Gefangenen von 44,7%. Die Erhebungen der Jahre 1993 und 1995[64] kamen zu ähnlichen Ergebnissen und ließen somit ebenfalls eine deutliche Benachteiligung ausländischer Jugendstrafgefangener gegenüber ihren deutschen Mitinhaftierten erkennen.

2. Zu einem anderen Ergebnis kam insoweit eine im Jahre 1986 in Hessen durchgeführte Untersuchung[65], die eine weitgehende Gleichbehandlung von jungen ausländischen und jungen deutschen Gefangenen bei Vollzugslockerungen und Urlaub ergab. Hier lag der Anteil der deutschen Gefangenen, denen Urlaub gewährt wurde, bei 43%, der entsprechende Anteil der ausländischen Gefangenen lag bei 45%. Ausgang hatten anteilig 52% der deutschen und 48% der ausländischen Gefangenen.

3. Eine zeitgleich ebenfalls in Hessen durchgeführte Untersuchung[66]der Lockerungschancen ausländischer Gefangener im Erwachsenenvollzug ließ indes eine deutliche Benachteiligung ausländischer Strafgefangener gegenüber ihren deutschen Mitinhaftierten erkennen. Von den ausländischen Gefangenen erhielten lediglich 14,1% Urlaub, wäh-

---

[63] Vgl. die Ergebnisse der Arbeitsgruppe des Kriminologischen Dienstes der JVA Adelsheim für die Jahre bis 1997.

[64] Zahlen für das Jahr 1994 wurden nicht erhoben.

[65] Vgl. Dünkel, Freiheitsentziehung für junge Rechtsbrecher, 1990 S.203

[66] Vgl. Dünkel, a.a.O. Fn.120

rend der entsprechende Anteil bei den deutschen Gefangenen immerhin 56,5% betrug. Auch im Ausgang befanden sich lediglich 7,3% der ausländischen gegenüber 33,7% der deutschen Gefangenen.

4. Von der Arbeitsgruppe des Kriminologischen Dienstes des nordrhein-westfälischen Justizministeriums wurde im Jahre 1997 im Rahmen einer ausführlichen Stichtagsuntersuchung[67] eine Aktenanalyse durchgeführt, deren Ziel es war, eine rein beschreibende Studie ausländischer Gefangener im Jugendstrafvollzug des Landes Nordrhein-Westfalen zu erstellen. In die Untersuchung einbezogen wurden sämtliche (408) ausländische Gefangene, die am 15. Juli 1997 in den fünf Jugendanstalten des Landes inhaftiert waren. Im Rahmen der Untersuchung wurden neben sozio- und legalbiographischen Daten der Gefangenen auch einige Daten zur ausländerbehördlichen Praxis in Nordrhein-Westfalen erhoben. Hiernach war bei 15,3% der jungen ausländischen Gefangenen eine Ausweisung bisher lediglich beabsichtigt oder angedroht. Bei 11,8% war die Ausweisung bereits definitiv verfügt und bei 6,6% darüber hinaus die Abschiebung angeordnet. Bei weiteren ca. 10% der ausländischen Jugendstrafgefangenen konnte nach der Aktenlage sicher davon ausgegangen werden, dass es nach der Entlassung nicht zu einer Ausweisung oder Abschiebung kommen würde. Bei 56,6% der Gefangenen war allerdings (noch) keine ausländerbehördliche Entscheidung aktenkundig, so dass in diesen Fällen keine Aussage über den Stand des ausländerbehördlichen Verfahrens während der Haft gemacht werden konnte. Für die Fälle, in denen am Stichtag bereits eine Entscheidung der Ausländerbehörde vorlag, ging aus den Angaben nicht hervor, zu welchem Zeitpunkt der Strafverbüßung die Entscheidung über die (Nicht-) Ausweisung des Gefangenen getroffen worden war. Die Ergebnisse können als Stichtagszahlen freilich auch nichts darüber aussagen, wie viele der Gefangenen tatsächlich nach Verbüßung der Haft aus Deutschland ausgewiesen wurden.

5. In den Jahren 1973 - 1977 machten verschiedene Jugendstrafanstalten Angaben darüber, wie viele der jungen ausländischen Strafgefangenen im Verlauf der Haft aus Deutschland ausgewiesen wurden. Im Ergebnis war dabei eine deutlich divergierende Ausübung des ausländerbehördlichen Ermessens festzustellen. So lag die länderspezifische Ausweisungspraxis der Ausländerbehörden in dem breiten Spektrum zwischen 20% und annähernd 100%.[68]

---

[67] Vgl. die zusammenfassende Darstellung der Ergebnisse der Stichtagsuntersuchung am 15.7.1997 bei Wirth, Ausländische Gefangene im Jugendstrafvollzug NRW ZfStrVo 5/98 S.280

[68] Siehe Albrecht/ Pfeiffer, Die Kriminalisierung junger Ausländer S.94

Da die Entscheidungen nach § 456a StPO statistisch nicht erfasst werden, gibt es weder genaue Daten über die Zahl der möglichen Anwendungsfälle des § 456a StPO noch darüber, in wie vielen Fällen tatsächlich nach dieser Vorschrift von der (weiteren) Vollstreckung der Freiheitsstrafe abgesehen wird.[69] Einen empirischen Erkenntnisstand zur Anwendungspraxis des § 456a StPO gibt es somit derzeit nicht.

Unter Berücksichtigung auch dieser Studien können für die eigene empirische Untersuchung die folgenden Arbeitshypothesen aufgestellt werden.

V. Arbeitshypothesen

Die Erhebung der Daten zur Vollzugsgestaltung und die insoweit vergleichende Darstellung der ausländischen mit den deutschen Gefangenen dient der Überprüfung der folgenden Arbeitshypothesen, deren Kernaussagen zu folgender Hauptthese zusammengefasst werden können:

Bei vielen der ausländischen Gefangenen werden die Gestaltungsmöglichkeiten des Strafvollzugs durch die ausländerrechtliche Situation dahingehend eingeschränkt, dass diese Gefangenen statt dem gesetzlich vorgesehenen Behandlungsvollzug einem reinen Verwahrvollzug unterliegen.

Diese Hauptaussage lässt sich in die folgenden Arbeitshypothesen untergliedern:

1. Ausländische Gefangene werden aufgrund der ausländerrechtlichen Situation häufig von der Unterbringung im offenen Vollzug, von Vollzugslockerungen und Hafturlaub sowie von der Teilnahme an Maßnahmen der Aus- und Weiterbildung ausgeschlossen.

Da grundsätzlich davon auszugehen ist, dass sich die Situation im Strafvollzug für ausländische Gefangene als besonders ungünstig darstellt, solange die ausländerrechtliche Situation noch ungeklärt ist, lässt sich hieraus die nächste Hypothese ableiten:

2. Die Partizipationschancen ausländischer Gefangener an den Behandlungsmaßnahmen des Strafvollzugs sind umso geringer, je später die Vollzugsbehörde Kenntnis von der Entscheidung der Ausländerbehörde über die (Nicht-) Ausweisung des Gefangenen erlangt, sofern sich nicht die Vollzugsbehörde über die Ansicht der Ausländerbehörde hinwegsetzt.

---

[69] So auch Giehring, a.a.O. S.471; Bammann, a.a.O. S.94

Die Annahme, dass Vollzugslockerungen im allgemeinen unter der Voraussetzung gewährt werden, dass der Gefangene ein gefestigtes Umfeld außerhalb der Anstalt aufweist, führt zu folgender Hypothese:

3. Die Dauer des Aufenthalts des Gefangenen in Deutschland wirkt sich begünstigend auf die Vollzugsgestaltung aus.

Da zur Anwendungspraxis des § 456a StPO bislang keine Erkenntnisse vorliegen, können insoweit keine Hypothesen überprüft werden.

2. Teil - Ergebnisse der empirischen Untersuchung

I. Untersuchungsmethode und Zusammensetzung der Stichprobe

Zur Überprüfung der zuvor genannten Hypothesen eignete sich die Untersuchung von Gefangenenpersonalakten. Diese Methode erwies sich als zweckmäßig, da in den Akten zahlreiche Kriterien festgehalten werden, die eine relativ zuverlässige Ermittlung von Daten zum Vollzugsverlauf, zur Haftentlassung aber auch zu soziobiographischen Daten der Gefangenen ermöglichen. Insgesamt wurden die Verlaufsdaten von jeweils 100 deutschen und ausländischen Gefangenen erhoben. Die Stichprobe setzte sich mittels eines randomisierten Verfahrens[70] zusammen. Die Auswertung der ermittelten Akten erfolgte anhand eines hierfür erstellten Erhebungsbogens und ausschließlich durch eine Person. Aufgrund der relativ geringen Anzahl weiblicher Inhaftierter beschränkte sich die Untersuchung ausschließlich auf männliche Gefangene, bei denen es sich sämtlich um erwachsene Gefangene im geschlossenen Vollzug der Freiheitsstrafe handelte. Die Untersuchung wurde lediglich in Nordrhein-Westfalen durchgeführt. Aufgrund des vergleichsweise hohen Ausländeranteils kamen hierfür die Vollzugsanstalten Aachen, Geldern und Remscheid in Betracht.

Bei der Auswahl des Aktenmaterials wurde zum einen darauf Wert gelegt, dass es sich überwiegend um bereits abgeschlossene Verfahren handelte. Dies war insofern wichtig, als damit unter anderem Erkenntnisse über den Zeitpunkt der Ausweisungsentscheidung und vor allem auch über die Art der Haftentlassung, insbesondere über die Anwendungspraxis des § 456a StPO erzielt werden konnten. Zum anderen wurden nur Akten von Gefangenen, die zu mindestens 15 Monaten Freiheitsstrafe verurteilt worden waren, herangezogen. Damit war sichergestellt, dass sich die Gefangenen über einen ausreichend langen Zeitraum im Vollzug befunden hatten, so dass Ergebnisse zu den Partizipationschancen der Gefangenen an Maßnahmen der Aus- und Weiterbildung gewonnen werden konnten.

Der Zeitraum der Erhebung sollte zunächst die Zugänge der Monate Oktober bis Dezember 1995 umfassen, wobei darauf geachtet wurde, dass in den drei genannten Anstalten die Anzahl von 30 bis 40 Zugängen sowohl ausländischer als auch deutscher Gefangener zu verzeichnen war. Diese Bedingung war allerdings in keiner der Anstalten erfüllt, so dass der Erhebungszeitraum jeweils soweit in das Jahr 1995 ausgedehnt wurde, bis die erforderliche Anzahl von 30 - 40, insgesamt 100 Zugängen sowohl deutscher als auch ausländischer Gefangener erreicht war.

[70] Nach dem Zufallsprinzip

II. Beschreibung der Gefangenengruppen – Vergleichende Darstellung sozio- und legalbiographischer Daten

Die Darstellung der Untersuchungsergebnisse beginnt mit der Beschreibung der Stichprobe anhand einiger sozio- und legalbiographischer Daten der Gefangenen.

1. Anteiliges Verhältnis der ausländischen zu deutschen Gefangenen

Um einen allgemeinen Überblick über das anteilige Verhältnis von ausländischen zu deutschen[71] Gefangenen zu vermitteln, erfolgt ein Vergleich der für die Ermittlung der Stichprobe ausgewählten Anstalten mit den entsprechenden Bundes- bzw. Landesdaten. Hierbei sind deutliche Abweichungen bei den ausgewählten Anstalten gegenüber den weitgehend übereinstimmenden Bundes- bzw. Landesdaten zu erkennen.[72]

Tabelle 1: Anteiliges Verhältnis von ausländischen zu deutschen Gefangenen bundesweit/ landesweit am 31.3.1995[73]/ in den ausgewählten Anstalten am 31.7.1995[74]

	Deutsche	Ausländer	Gesamt
BRD	31108 78,2%	8668 21,8%	39776 100,0%
NRW	8118 80,8%	1924 19,2%	10042 100,0%
ausgewählte Anstalten insgesamt	1191 69,8%	515 30,2%	1706 100,0%

Die Übersicht zeigt, dass der Ausländeranteil in den für die Ermittlung der Stichprobe ausgewählten Anstalten deutlich höher war als im bundes- und landesweiten Durchschnitt. Während die Anteile der ausländischen Gefangenen bundesweit (21,8%) und landesweit (19,2%) etwa gleich waren, lag der parallele Anteil in den ausgewählten Anstalten mit 30,2% erkennbar darüber. Zu erklären ist dies damit, dass für die Erhebung gerade Anstalten ausgesucht wurden, in denen eine hohe Anzahl ausländischer Gefangener inhaftiert war.

---

[71] Nicht berücksichtigt werden konnten Aussiedler und eingebürgerte Deutsche. Die aktuelle Problematik war im Jahre 1995 jedoch noch nicht in dem Maße vorhanden.

[72] Da die Erhebung die Zugänge des Jahres 1995 umfasst, bezieht sich auch der Vergleich auf die Stichtagszählungen dieses Jahres. Die Daten beziehen sich ausschließlich auf den Vollzug der Freiheitsstrafe.

[73] Quelle: Daten des Landesamtes für Datenverarbeitung und Statistik in NRW, erfasst am 31.3.1995 sowie eigene Berechnungen

[74] Quelle: Daten des Justizvollzugsamtes Rheinland, erfasst am 31.7.1995 sowie eigene Berechnungen

2. Merkmale der ausländischen Gefangenengruppe

Bei der Beschreibung der Stichprobe bietet es sich an, zunächst die Gruppe der ausländischen Gefangenen unter ausländerspezifischen Merkmalen zu betrachten. Hierbei ist eine Unterteilung in türkische und sonstige ausländische Gefangene zweckmäßig, da der Anteil der Gefangenen türkischer Staatsangehörigkeit mit 48% die Hälfte der ausländischen Gefangenengruppe ausmachte.

2.1. Staatsangehörigkeit

Tabelle 2: Staatsangehörigkeit der ausländischen Gefangenen

	Anzahl	%
griechisch	2	2,0%
italienisch	6	6,0%
sonstige EU-Staatsangehörigkeit	11	11,0%
(ex) jugoslawisch	8	8,0%
türkisch	48	48,0%
sonstige europ. Staatsangehörigkeit	6	6,0%
afrikanische Staatsangehörigkeit	16	16,0%
sonstige Staatsangehörigkeit	3	3,0%
Gesamt	100	100,0%

Auffallend ist, dass nur 8% der Gefangenen eine (ex-) jugoslawische Staatsangehörigkeit besaßen.[75] Von den 48 türkischen Gefangenen waren 21% (n.10) kurdischer Herkunft.[76]

Im Hinblick auf die Sozialisation und Integration der ausländischen Gefangenen in Deutschland ist das Geburtsland von Bedeutung. Es zeigt sich, dass ein nur geringer Anteil der ausländischen Gefangenen in Deutschland geboren wurde.

---

[75] Zum Vergleich: Im Vollzugsamtsbezirk Rheinland lag der Anteil der ausländischen Strafgefangenen aus (Ex-) Jugoslawien am 31.3.1999 bei 16,8%, somit doppelt so hoch. Quelle: Daten des Justizvollzugsamts Rheinland sowie eigene Berechnungen

[76] Bei den Daten zur kurdischen Herkunft ist auf mögliche Ungenauigkeiten hinzuweisen, da nicht unbedingt jeder Gefangene diesbezügliche Angaben gemacht haben muss.

Tabelle 3: Geburtsland der ausländischen Gefangenen

	Deutschland	Italien	sonst. EU-Staat	(Ex) Jugoslawien	Türkei	sonst. europ. Land	afrikan. Land	sonst. Land	Gesamt
Türken	4 8,3%				44 91,7%				48 100,0%
sonstige Ausländer	3 5,8%	5 9,6%	5 9,6%	8 15,4%	5 9,6%	6 11,5%	16 30,8%	4 7,7%	52 100,0%
Gesamt	7 7,0%	5 5,0%	5 5,0%	8 8,0%	49 49,0%	6 6,0%	16 16,0%	4 4,0%	100 100,0%

Signifikanzniveau: $p < 0,05$
12 Zellen (75,0%) haben eine erwartete Häufigkeit kleiner als 5.

Nur 7% der ausländischen Gefangenen wurden in Deutschland geboren, wobei zwischen den türkischen (8,3% n.4) und den sonstigen ausländischen Gefangenen (5,8% n.3) kaum ein nennenswerter Unterschied besteht.

2.2. Aufenthaltsdauer/ Aufenthaltsstatus der Gefangenen in Deutschland

Aufgrund des geringen Anteils ausländischer Gefangener, die bereits in Deutschland geboren wurden, fragt sich im Hinblick auf die Sozialisation und Integration der Gefangenen, wie lange sie zuvor in Deutschland waren und welchen Aufenthaltsstatus sie hatten.

Tabelle 4: Aufenthaltsdauer der ausländischen Gefangenen in Deutschland

	in Deutschland geboren und/ oder aufgewachsen	nicht in Deutschland aufgewachsen	kein ständiger Aufenthalt in Deutschland	Gesamt
Türken	25 52,1%	14 29,2%	9 18,8%	48 100,0%
sonstige Ausländer	16 30,8%	20 38,5%	16 30,8%	52 100,0%
Gesamt	41 41,0%	34 34,0%	25 25,0%	100 100,0%

Signifikanzniveau: nicht signifikant

Insgesamt 41% der ausländischen Gefangenen wurden bereits in Deutschland geboren oder sind hier aufgewachsen. Hierbei liegt der Anteil der türkischen Gefangenen mit 52,1% deutlich über dem der sonstigen ausländischen Gefangenen von 30,8%.

Die Daten lassen sich nach der Art des Aufenthalts zusammenfassen:

Tabelle 5: Art des Aufenthalts der ausländischen Gefangenen in Deutschland

	fester Aufenthalt in Deutschland	Einreise zum Zwecke der Tatbegehung	Gesamt
Türken	39 81,3%	9 18,7%	48 100,0%
sonstige Ausländer	36 69,2%	16 30,8%	52 100,0%
Gesamt	75 75,0%	25 25,0%	100 100,0%

Signifikanzniveau: nicht signifikant

Unabhängig von dem Zeitpunkt der Einreise nach Deutschland hatten 81,3% der türkischen und 69,2% der sonstigen ausländischen Gefangenen vor der Inhaftierung ihren festen Aufenthalt in Deutschland.

Insbesondere bei denjenigen ausländischen Gefangenen, die nicht in Deutschland geboren wurden oder aufgewachsen sind, stellt sich die Frage nach deren Aufenthaltsstatus vor der Inhaftierung. Die Unterschiede zwischen den türkischen und den sonstigen ausländischen Gefangenen hinsichtlich der Aufenthaltsdauer in Deutschland sind im Aufenthaltsstatus wiederzufinden. Insgesamt war die aufenthaltsrechtliche Situation bei den türkischen Gefangenen somit günstiger als bei den sonstigen ausländischen Gefangenen.

Tabelle 6: Aufenthaltsstatus/ Aufenthaltsanlass der ausländischen Gefangenen in Deutschland

	Türken		sonstige Ausländer		Gesamt	
	Anzahl	%	Anzahl	%	Anzahl	%
illegal	2	4,2%	10	19,2%	12	12,0%
abgelehnter Asylbewerber	3	6,3%	9	17,3%	12	12,0%
anerkannter Asylbewerber	1	2,1%	1	1,9%	2	2,0%
laufendes Asylverfahren			2	3,8%	2	2,0%
Asylbewerber, Status unklar	4	8,3%	2	3,8%	6	6,0%
wohnhaft mit Aufenthaltsgenehmigung	26	54,2%	11	21,2%	37	37,0%
Tourist	3	6,2%			3	3,0%
sonstiger legaler Aufenthalt			1	1,9%	1	1,0%
Einreise zum Zwecke der Tatbegehung	9	18,7%	16	30,8%	25	25,0%
Gesamt	48	100,0%	52	100,0%	100	100,0%

Signifikanzniveau: nicht signifikant

Der Anteil der vor ihrer Inhaftierung in Deutschland wohnhaften türkischen Gefangenen, die im Besitz einer Aufenthaltserlaubnis waren, liegt mit 54,2% wesentlich über dem der sonstigen ausländischen Gefangenen mit 21,2%.

Unterschiede zwischen den Gefangenengruppen sind auch im Hinblick auf den Asylbewerberstatus zu erkennen. 17,3% der sonstigen ausländischen gegenüber nur 6,3% der türkischen Gefangenen waren abgelehnte Asylbewerber. Weitere 19,2% der sonstigen ausländischen Gefangenen hielten sich vor ihrer Inhaftierung illegal in Deutschland auf, von den türkischen Gefangenen waren dies lediglich 4,2%.

Zur Erfassung der Sozialisation und Integration der ausländischen Gefangenen kann ferner das Verhältnis der Aufenthaltsdauer der Gefangenen in Deutschland zur Aufenthaltsdauer im Herkunftsland herangezogen werden.

Tabelle 7: Aufenthaltsdauer der ausländischen Gefangenen im Vergleich: Herkunftsland/ Deutschland

	hiesige Aufenthaltsdauer überwiegt	Aufenthaltsdauer im Herkunftsland überwiegt	Gesamt
Türken	22 45,8%	26 54,2%	48 100,0%
sonstige Ausländer	10 19,2%	42 80,8%	52 100,0%
Gesamt	32 32,0%	68 68,0%	100 100,0%

Signifikanzniveau: $p < 0,05$

45,8% der türkischen gegenüber nur 19,2% der sonstigen ausländischen Gefangenen hatten sich vor ihrer Inhaftierung überwiegend in Deutschland aufgehalten (Ausländer insgesamt 32%).

Die in Tabelle 4 genannten Befunde zur Aufenthaltsdauer der Gefangenen in Deutschland finden ihre Entsprechung in den Sprachkenntnissen der Gefangenen.

Tabelle 8: Sprachkenntnisse der ausländischen Gefangenen

	keine oder völlig unzureichende Sprachkenntnisse	geringe bis mittelmäßige Sprachkenntnisse	gute bis sehr gute Sprachkenntnisse	Gesamt
Türken	15 31,3%	8 16,7%	25 52,1%	48 100,0%
sonstige Ausländer	22 42,3%	14 26,9%	16 30,8%	52 100,0%
Gesamt	37 37,0%	22 22,0%	41 41,0%	100 100,0%

Signifikanzniveau: nicht signifikant

Deutlich mehr türkische (52,1%) als sonstige ausländische Gefangene (30,8%) verfügten über gute bis sehr gute Sprachkenntnisse. Diese Anteile entsprechen jeweils exakt den Anteilen der in Deutschland geborenen oder aufgewachsenen ausländischen Gefangenen.

3. Vergleichende Darstellung der Gefangenengruppen anhand allgemeiner Sozialdaten

Im Folgenden werden die allgemeinen Sozialdaten der Gefangenen vergleichend dargestellt. Auch hierbei ist aufgrund des hohen Anteils der türkischen Gefangenen eine Unterteilung der ausländischen Gefangenengruppe in türkische und sonstige ausländische Gefangene sinnvoll. Deshalb werden die entsprechenden Daten jeweils im Vergleich der deutschen mit den ausländischen Gefangenen und danach im Vergleich der türkischen mit den sonstigen ausländischen Gefangenen angegeben. Dabei ist auf mögliche Ungenauigkeiten hinzuweisen, da die Zahlen zum Teil auf eigenen Aussagen der Gefangenen beruhen und nicht auszuschließen ist, dass wegen sprachlicher Kommunikationsprobleme teilweise unzutreffende Angaben gemacht wurden.

3.1. Alter

Hinsichtlich der Altersstruktur zeigt der Vergleich der Stichprobe mit den Bundesdaten, dass die Gefangenen bundesweit insgesamt jünger waren.

Tabelle 9: Alter der bundesweit Inhaftierten am 31.3.1995[77]

		Gesamt	18 - 21 Jahre	21 - 25 Jahre	25 - 30 Jahre	30 - 40 Jahre	40 - 50 Jahre	50 - 60 Jahre	60 und mehr Jahre
Deutsche	BRD	31108 100%	71 0,2%	2864 9,1%	7773 25,0%	11795 38,0%	5477 17,6%	2625 8,4%	521 1,7%
	Stichprobe	100 100%			12 12,0%	51 51,0%	27 27,0%	7 7,0%	3 3,0%
Ausländer	BRD	8668 100%	67 0,8%	1569 18,1%	2664 30,7%	3027 35,0%	976 11,3%	304 3,5%	61 0,7%
	Stichprobe	100 100%			12 12,0%	57 57,0%	26 26,0%	3 3,0%	2 2,0%
Gesamt	BRD	39776 100%	138 0,3%	4415 11,0%	10437 26,2%	14822 37,2%	6453 16,2%	2929 7,4%	582 1,5%
	Stichprobe	200 100%			24 12,0%	108 54,0%	53 26,5%	10 5,0%	5 2,5%

Die Altersgruppe zwischen 21 - 25 Jahren war in der Stichprobe überhaupt nicht vorhanden, während bundesweit 11% der Gefangenen dieser Altersgruppe angehörten. Auffällig ist hierbei, dass bei einer Insgesamt-Betrachtung der Anteil der ausländischen Gefangenen mit 18,1% doppelt so hoch

[77] Quelle: Daten des Landesamtes für Statistik und Datenverarbeitung in NRW, erfasst am 31.3.1995

ist wie der entsprechende Anteil der deutschen Gefangenen von 9,1%. Im Alter zwischen 25 - 30 Jahren waren bundesweit mit 26,2% mehr als zweimal so viele Gefangene wie in der Stichprobe (12%), wobei auch hier die ausländischen Gefangenen (30,7%) leicht die deutschen Gefangenen (25%) dominieren. In den Altersgruppen von über 30 Jahren liegen demgegenüber die Anteile der Gefangenen der Stichprobe jeweils deutlich über denen der Gefangenen bundesweit (Ausnahme 50 - 60 Jahre), wobei die ausländischen Gefangenen in den entsprechenden Altersgruppen jeweils weniger häufig vertreten waren als die deutschen Gefangenen (Ausnahme Stichprobe 30 bis 40 Jahre).

Innerhalb der Stichprobe bestehen nur geringfügige Unterschiede zwischen den deutschen und den ausländischen Gefangenen.

Tabelle 10: Alter der Gefangenen zum Zeitpunkt der Zuführung in die entsprechende Anstalt (Tabelle a)

	25 - 30 Jahre	30 - 40 Jahre	40 - 50 Jahre	50 - 60 Jahre	60 und mehr Jahre	Gesamt
Deutsche	12 12,0%	51 51,0%	27 27,0%	7 7,0%	3 3,0%	100 100,0%
Ausländer	12 12,0%	57 57,0%	26 26,0%	3 3,0%	2 2,0%	100 100,0%
Gesamt	24 12,0%	108 54,0%	53 26,5%	10 5,0%	5 2,5%	200 100,0%

Signifikanzniveau: nicht signifikant

57% der ausländischen gegenüber 51% der deutschen Gefangenen waren zwischen 30 - 40 Jahren. In der Altersgruppe zwischen 50 - 60 Jahren liegt der Anteil der deutschen Gefangenen mit 7% leicht über dem der ausländischen Gefangenen von 3%.

Erkennbare Unterschiede ergeben sich zum Teil bei der Differenzierung zwischen türkischen und sonstigen ausländischen Gefangenen. Es zeigt sich, dass die türkischen Gefangenen insgesamt etwas jünger waren als die sonstigen ausländischen Gefangenen. Im Vergleich der drei Gefangenengruppen stellen die türkischen Gefangenen die jüngste Gefangenengruppe dar.

Tabelle 11: Alter der Gefangenen zum Zeitpunkt der Zuführung in die entsprechende Anstalt (Tabelle b)

	Gesamt	25 - 30 Jahre	30 - 40 Jahre	40 - 50 Jahre	50 - 60 Jahre	60 und mehr Jahre
Türken	48 100,0%	9 18,8%	26 54,2%	11 22,9%	1 2,1%	1 2,1%
sonstige Ausländer	52 100,0%	3 5,8%	31 59,6%	15 28,8%	2 3,8%	1 1,9%
Gesamt	100 100,0%	12 12,0%	57 57,0%	26 26,0%	3 3,0%	2 2,0%

Signifikanzniveau: nicht signifikant

18,8% (n.9) der türkischen gegenüber 5,8% (n.3) der sonstigen ausländischen Gefangenen waren zwischen 25 - 30 Jahren. In den Altersgruppen zwischen 30 - 60 Jahren überwiegt der Anteil der sonstigen ausländischen Gefangenen jeweils unwesentlich den entsprechenden Anteil der türkischen Gefangenen.

3.2. Bekenntnis

Die Daten zum Bekenntnis der Gefangenen führen zu folgenden Ergebnissen:

Tabelle 12: Bekenntnis der Gefangenen (Tabelle a)

	ohne Angabe	evangelisch	katholisch	orthodox	islamisch	sonstiges	Gesamt
Deutsche	12 12,0%	40 40,0%	48 48,0%				100 100,0%
Ausländer	10 10,0%	1 1,0%	21 21,0%	6 6,0%	60 60,0%	2 2,0%	100 100,0%
Gesamt	22 11,0%	41 20,5%	69 34,5%	6 3,0%	60 30,0%	2 1,0%	200 100,0%

Signifikanzniveau: $p < 0,05$
4 Zellen (33,3%) haben eine erwartete Häufigkeit kleiner als 5.

Von den deutschen Gefangenen war mit 48% der größte Anteil katholischer Konfession. Bei den ausländischen Gefangenen überwog der islamische Glaube mit 60%.

Tabelle 13: Bekenntnis der Gefangenen (Tabelle b)

	ohne Angabe	evangelisch	römisch-katholisch	orthodox	islamisch	sonstiges	Gesamt
Türken	4 8,3%		1 2,1%	1 2,1%	42 87,5%		48 100,0%
sonstige Ausländer	6 11,5%	1 1,9%	20 38,5%	5 9,6%	18 34,6%	2 3,8%	52 100,0%
Gesamt	10 10,0%	1 1,0%	21 21,0%	6 6,0%	60 60,0%	2 2,0%	100 100,0%

Signifikanzniveau: $p < 0,05$
7 Zellen (58,3%) haben eine erwartete Häufigkeit kleiner als 5.

87,5% der türkischen Gefangenen waren islamischen Glaubens. Mit 38,5% dominierte bei den sonstigen ausländischen Gefangenen die römisch-katholische Konfession.

3.3. Familiäre Situation

Deutliche Unterschiede zwischen den Gefangenengruppen lassen auch die Untersuchungsergebnisse zur familiären Situation der Gefangenen erkennen. Die ausländischen Gefangenen waren öfter in familiäre Strukturen eingebunden als die deutschen Gefangenen. Im Vergleich der drei Gefangenengruppen war die Lage der türkischen Gefangenen am günstigsten.

Dieser Befund zeichnet sich bereits an den Daten zum Familienstand der Gefangenen ab:

Tabelle 14: Familienstand der Gefangenen (Tabelle a)

	verheiratet	verlobt	geschieden/ getrennt	verwitwet	ledig	Gesamt
Deutsche	13 13,0%	1 1,0%	21 21,0%	2 2,0%	63 63,0%	100 100,0%
Ausländer	38 38,0%	1 1,0%	10 10,0%	3 3,0%	48 48,0%	100 100,0%
Gesamt	51 25,5%	2 1,0%	31 15,5%	5 2,5%	111 55,5%	200 100,0%

Signifikanzniveau: $p < 0,05$
14 Zellen (40,0%) haben eine erwartete Häufigkeit kleiner als 5.

38% der ausländischen gegenüber 13% der deutschen Gefangenen waren vor ihrer Inhaftierung verheiratet. Geschieden oder getrennt lebten 21% der deutschen und nur 10% der ausländischen Gefangenen.

Tabelle 15: Familienstand der Gefangenen (Tabelle b)

	verheiratet	verlobt	geschieden/ getrennt	verwitwet	ledig	Gesamt
Türken	25 52,1%		4 8,3%	1 2,1%	18 37,5%	48 100,0%
sonstige Ausländer	13 25,0%	1 1,9%	6 11,5%	2 3,8%	30 57,7%	52 100,0%
Gesamt	38 38,0%	1 1,0%	10 10,0%	3 3,0%	48 48,0%	100 100,0%

Signifikanzniveau: nicht signifikant

Von den türkischen Gefangenen waren 52,1% gegenüber nur 25% der sonstigen ausländischen Gefangenen vor ihrer Inhaftierung verheiratet. Geschieden oder getrennt lebten 11,5% der sonstigen ausländischen und 8,3% der türkischen Gefangenen.

Auch die zur Anzahl der Kinder der Gefangenen erhobenen Daten lassen vermuten, dass die ausländischen Gefangenen vor ihrer Inhaftierung stärker in einem Familienverband gelebt haben als die deutschen Gefangenen.

Tabelle 16: Anzahl der Kinder der Gefangenen (Tabelle a)

	kein Kind	ein- zwei Kinder	drei - vier Kinder	fünf und mehr Kinder	Gesamt
Deutsche	68 68,0%	24 24,0%	6 6,0%	2 2,0%	100 100,0%
Ausländer	50 50,0%	31 31,0%	17 17,0%	2 2,0%	100 100,0%
Gesamt	118 59,0%	55 27,5%	23 11,5%	4 2,0%	200 100,0%

Signifikanzniveau: $p < 0,05$
2 Zellen (25,0%) haben eine erwartete Häufigkeit kleiner als 5.

50% der ausländischen gegenüber 68% der deutschen Gefangenen waren vor ihrer Inhaftierung kinderlos. Dagegen hatten 17% der ausländischen gegenüber 6% der deutschen Gefangenen 3 - 4 Kinder.

Die Differenzierung zwischen türkischen und sonstigen ausländischen Gefangenen lässt hinsichtlich der Kinderzahl kaum beachtliche Unterschiede zwischen den Gefangenengruppen erkennen:

Tabelle 17: Anzahl der Kinder der Gefangenen (Tabelle b)

	kein Kind	ein - zwei Kinder	drei - vier Kinder	fünf und mehr Kinder	Gesamt
Türken	24 50,0%	15 31,3%	7 14,6%	2 4,2%	48 100,0%
sonstige Ausländer	26 50,0%	16 30,8%	10 19,2%		52 100,0%
Gesamt	50 50,0%	31 31,0%	17 17,0%	2 2,0%	100 100,0%

Signifikanzniveau: nicht signifikant

3.4. Wohnsituation

Hinsichtlich der Wohnverhältnisse der Gefangenen stellte sich die Situation der deutschen Gefangenen insgesamt etwas günstiger dar als die der ausländischen Gefangenen.

Tabelle 18: Art der gewöhnlichen letzten Unterkunft der Gefangenen (Tabelle a)

	Deutsche		Ausländer		Gesamt	
	Anzahl	%	Anzahl	%	Anzahl	%
keine	1	1,0%			1	,5%
Mietwohnung/ Zimmer/ Appartement	48	48,0%	35	35,0%	83	41,5%
Elternwohnung	24	24,0%	17	17,0%	41	20,5%
Angehörigen-/ Bekanntenwohnung	15	15,0%	17	17,0%	32	16,0%
Asylbewerberheim			9	9,0%	9	4,5%
Obdachlosenasyl	1	1,0%			1	,5%
Unterbringung			1	1,0%	1	,5%
sonstige Unterkunft	1	1,0%	6	6,0%	7	3,5%
unklar	10	10,0%	15	15,0%	25	12,5%
Gesamt	100	100,0%	100	100,0%	200	100,0%

Signifikanzniveau: $p < 0,05$
10 Zellen (55,6%) haben eine erwartete Häufigkeit kleiner als 5.

Vor ihrer Inhaftierung bewohnten 48% der deutschen gegenüber 35% der ausländischen Gefangenen eine Mietwohnung. 9% der ausländischen Gefangenen kamen in einem Asylbewerberheim unter.

Die gefestigtere Wohnsituation der deutschen Gefangenen wird durch die Daten zur polizeilichen Meldung bestätigt.

Tabelle 19: Polizeiliche Meldung der Gefangenen

	keine	am Ort des Wohnsitzes	an sonstigem Ort	Gesamt
Deutsche	2 2,0%	67 67,0%	31 31,0%	100 100,0%
Ausländer	25 25,0%	65 65,0%	10 10,0%	100 100,0%
Gesamt	27 13,5%	132 66,0%	41 20,5%	200 100,0%

Signifikanzniveau: $p < 0,05$

Die Differenzierung innerhalb der ausländischen Gefangenengruppe zeigt, dass die Wohnverhältnisse bei den türkischen Gefangenen stabiler waren als bei den sonstigen ausländischen Gefangenen, wobei eine Annäherung der Wohnsituation der türkischen Gefangenen an die Wohnsituation der deutschen Gefangenen festzustellen ist.

Tabelle 20: Art der gewöhnlichen letzten Unterkunft der Gefangenen (Tabelle b)

	Türken		sonstige Ausländer		Gesamt	
	Anzahl	%	Anzahl	%	Anzahl	%
Mietwohnung/ Zimmer/ Appartement	21	43,8%	14	26,9%	35	35,0%
Elternwohnung	11	22,9%	6	11,5%	17	17,0%
Angehörigen-/ Bekanntenwohnung	6	12,5%	11	21,2%	17	17,0%
Asylbewerberheim	2	4,2%	7	13,5%	9	9,0%
Unterbringung	1	2,1%			1	1,0%
sonstige Unterkunft			6	11,5%	6	6,0%
unklar	7	14,6%	8	15,4%	15	15,0%
Gesamt	48	100,0%	52	100,0%	100	100,0%

Signifikanzniveau: $p < 0,05$
6 Zellen (42,9%) haben eine erwartete Häufigkeit kleiner als 5.

43,8% der türkischen gegenüber 26,9% der sonstigen ausländischen Gefangenen lebten vor ihrer Inhaftierung in einer Mietwohnung. In einem Asylbewerberheim kamen 13,5% (n.7) der sonstigen ausländischen und 4,2% (n.2) der türkischen Gefangenen unter.

3.5. Schulische Bildung

Für die berufliche Förderung im Vollzug spielt die schulische Bildung der Gefangenen eine entscheidende Rolle. Der Vergleich der Gefangenengruppen lässt erkennen, dass die deutschen Gefangenen bei den niedrigeren Abschlüssen dominierten, wohingegen die ausländischen Gefangenen bei den höheren Abschlüssen häufiger vertreten waren. Die Zahlen sind freilich gering.

Tabelle 21: Schulische Ausbildung der Gefangenen (Tabelle a)

	kein Abschluss	Sonder-schul-abschluss	Haupt-schul-abschluss	Volk-schul-abschluss	Real-schul-abschluss	Fach-hoch-schulreife	Hoch-schulreife	unklar, keine Angabe	Gesamt
Deutsche	23 23,0%	12 12,0%	49 49,0%	6 6,0%	3 3,0%	1 1,0%	2 2,0%	4 4,0%	100 100,0%
Ausländer	33 33,0%	3 3,0%	20 20,0%	10 10,0%	6 6,0%		6 6,0%	22 22,0%	100 100,0%
Gesamt	56 28,0%	15 7,5%	69 34,5%	16 8,0%	9 4,5%	1 ,5%	8 4,0%	26 13,0%	200 100,0%

Signifikanzniveau: $p < 0{,}05$
6 Zellen (37,5%) haben eine erwartete Häufigkeit kleiner als 5.

49% der deutschen und lediglich 20% der ausländischen Gefangenen besaßen einen Hauptschulabschluss. Jeweils 6% der ausländischen Gefangenen verfügten über einen Realschulabschluss bzw. die Hochschulreife, von den deutschen Gefangenen waren dies 3% bzw. 2%.

Die Differenzierung zwischen türkischen und sonstigen ausländischen Gefangenen ergibt hinsichtlich der schulischen Bildung keine nennenswerten Unterschiede zwischen den Gefangenengruppen.

Tabelle 22: Schulische Ausbildung der Gefangenen (Tabelle b)

	kein Abschluss	Sonder-schul-abschluss	Haupt-schul-abschluss	Volks-schul-abschluss	Real-schul-abschluss	Hoch-schulreife	unklar, keine Angabe	Gesamt
Türken	16 33,3%	3 6,3%	10 20,8%	5 10,4%	3 6,3%	3 6,3%	8 16,7%	48 100,0%
sonstige Ausländer	17 32,7%		10 19,2%	5 9,6%	3 5,8%	3 5,8%	14 26,9%	52 100,0%
Gesamt	33 33,0%	3 3,0%	20 20,0%	10 10,0%	6 6,0%	6 6,0%	22 22,0%	100 100,0%

Signifikanzniveau: nicht signifikant

3.6. Berufliche Bildung

Entsprechend dem vergleichsweise niedrigen schulischen Bildungsstandard der Gefangenen stellt sich auch die berufliche Entwicklung der Gefangenen insgesamt wenig positiv dar, wobei nur unwesentliche Unterschiede zwischen den deutschen und den ausländischen Gefangenen festzustellen sind.

Tabelle 23: Berufliche Ausbildung der Gefangenen (Tabelle a)

	keine	Anlernberuf/ Lehrabschluss	Meister/ Techniker-prüfung	(Fach-) Hochschul-abschluss	Gesamt
Deutsche	56 56,0%	42 42,0%		2 2,0%	100 100,0%
Ausländer	58 58,0%	38 38,0%	3 3,0%	1 1,0%	100 100,0%
Gesamt	114 57,0%	80 40,0%	3 1,5%	3 1,5%	200 100,0%

Signifikanzniveau: nicht signifikant

Innerhalb der ausländischen Gefangenengruppe war die berufliche Situation der türkischen Gefangenen nur unmaßgeblich besser als die der sonstigen ausländischen Gefangenen.

Tabelle 24: Berufliche Ausbildung der Gefangenen (Tabelle b)

	keine	Anlernberuf/ Lehrabschluss	Meister/ Techniker-prüfung	(Fach-) Hochschul-abschluss	Gesamt
Türken	27 56,3%	19 39,6%	2 4,2%		48 100,0%
sonstige Ausländer	31 59,6%	19 36,5%	1 1,9%	1 1,9%	52 100,0%
Gesamt	58 58,0%	38 38,0%	3 3,0%	1 1,0%	100 100,0%

Signifikanzniveau: nicht signifikant

4. Vergleichende Darstellung der Gefangenengruppen anhand legalbiographischer Daten

Im Folgenden sollen die Untersuchungsergebnisse zu den legalbiographischen Daten der Gefangenen dargestellt werden.

4.1. Vorverurteilungen

Im Hinblick auf die Vorverurteilungen der Gefangenen sind erhebliche Unterschiede zwischen den deutschen und den ausländischen Gefangenen zu erkennen. Bei der Betrachtung der Untersuchungsergebnisse muss jedoch berücksichtigt werden, dass die Daten nur die in Deutschland abgeurteilten Taten umfassen, so dass insbesondere bei denjenigen ausländischen Gefangenen, die nicht in Deutschland geboren wurden oder aufgewachsen sind, nicht auszuschließen ist, dass diese bereits in ihrem Herkunftsland verurteilt wurden. Auch an andere Verhältnisse im Herkunftsland ist insoweit zu denken.

Tabelle 25: Vorverurteilungen der Gefangenen (Tabelle a)

	keine	eine	zwei - drei	vier	fünf und mehr	Gesamt
Deutsche	18 18,0%	9 9,0%	24 24,0%	14 14,0%	35 35,0%	100 100,0%
Ausländer	45 45,0%	20 20,0%	20 20,0%	7 7,0%	8 8,0%	100 100,0%
Gesamt	63 31,5%	29 14,5%	44 22,0%	21 10,5%	43 21,5%	200 100,0%

Signifikanzniveau: $p < 0,05$

In concreto waren 45% der ausländischen gegenüber 18% der deutschen Gefangenen nicht in Deutschland vorbestraft. Dementsprechend liegt auch der Anteil der deutschen Gefangenen, die bereits mehrere Vorstrafen aufwiesen, wesentlich über dem der ausländischen Gefangenen. So waren von den deutschen Gefangenen zusammengerechnet 73% bereits mehr als zweimal vorbestraft, von den ausländischen Gefangenen waren dies 35%.

Aus dem Vergleich der türkischen mit den sonstigen ausländischen Gefangenen ergeben sich hinsichtlich der Vorstrafenbelastung kaum nennenswerte Unterschiede.

Tabelle 26: Vorverurteilungen der Gefangenen (Tabelle b)

	keine	eine	zwei - drei	vier	fünf und mehr	Gesamt
Türken	22 45,8%	9 18,8%	9 18,8%	2 4,2%	6 12,5%	48 100,0%
sonstige Ausländer	23 44,2%	11 21,2%	11 21,2%	5 9,6%	2 3,8%	52 100,0%
Gesamt	45 45,0%	20 20,0%	20 20,0%	7 7,0%	8 8,0%	100 100,0%

Signifikanzniveau: nicht signifikant

4.2. Delikte der Bezugsverurteilung

Im Hinblick auf die Delikte, die zur aktuellen Verurteilung der Gefangenen geführt haben, sind deutliche Unterschiede zwischen den Gefangenengruppen festzustellen. Diese zeigen sich zunächst im Vergleich der deutschen zu den ausländischen Gefangenen insbesondere bei den Gewalt- und BTM-Delikten.

Tabelle 27: Deliktsstruktur hinsichtlich der Bezugsverurteilung (Tabelle a)

	Deutsche		Ausländer		Gesamt	
Diebstahl/ Vermögensdelikte u.ä.	30	30,0%	11	11,0%	41	20,5%
Raub u.ä.	20	20,0%	16	16,0%	36	18,0%
Körperverletzung u.ä.	6	6,0%	6	6,0%	12	6,0%
Sexualdelikte	16	16,0%	3	3,0%	19	9,5%
Tötungsdelikte	3	3,0%	7	7,0%	10	5,0%
BTM-Delikte	22	22,0%	54	54,0%	76	38,0%
sonstige Delikte	3	3,0%	3	3,0%	6	3,0%
Gesamt	100	100,0%	100	100,0%	200	100,0%

Signifikanzniveau: $p < 0,05$

Zählt man Raub-, Körperverletzungs-, Sexual- und Tötungsdelikte als Gewaltdelikte zusammen, so waren insgesamt 45% der deutschen gegenüber nur 32% der ausländischen Gefangenen dementsprechend belastet. 54% der ausländischen gegenüber 22% der deutschen Gefangenen verbüßten ihre Freiheitsstrafe aufgrund von BTM-Delikten.

Auch innerhalb der ausländischen Gefangenengruppe bestanden zum Teil erhebliche Unterschiede hinsichtlich der Deliktsstruktur, betroffen waren insbesondere die BTM-Delikte.

Tabelle 28: Deliktsstruktur hinsichtlich der Bezugsverurteilung (Tabelle b)

	Türken		sonstige Ausländer		Gesamt	
Diebstahl/ Vermögensdelikte u.ä.	3	6,3%	8	15,4%	11	11,0%
Raub u.ä.	9	18,8%	7	13,5%	16	16,0%
Körperverletzung u.ä.	3	6,3%	3	5,8%	6	6,0%
Sexualdelikte			3	5,8%	3	3,0%
Tötungsdelikte	2	4,2%	5	9,6%	7	7,0%
BTM-Delikte	30	62,5%	24	46,2%	54	54,0%
sonstige Delikte	1	2,1%	2	3,8%	3	3,0%
Gesamt	48	100,0%	52	100,0%	100	100,0%

Signifikanzniveau: nicht signifikant

So wurden 62,5% der türkischen gegenüber 46,2% der sonstigen ausländischen Gefangenen aufgrund von BTM-Delikten verurteilt. Wegen Gewaltdelikten befanden sich zusammengerechnet 34,7% der sonstigen ausländischen und 29,3% der türkischen Gefangenen in Haft.

Vergleicht man die Daten der Stichprobe mit den entsprechenden Landesdaten, so werden auch innerhalb der einzelnen Gefangenengruppen zum Teil beachtliche Unterschiede erkennbar.

Tabelle 29: Vergleich der Stichprobe mit der Stichtagszählung am 31.3.1999 in NRW

	Deutsche		Ausländer		Gesamt	
	Stichprobe	NRW	Stichprobe	NRW	Stichprobe	NRW
Diebstahl u.ä.	30 30%	3709 40,9%	11 11%	714 26,4%	41 20,5%	4423 37,6%
Raub	20 20%	980 10,8%	16 16%	351 13,0%	36 18%	1331 11,3%
Körperverletzung	6 6%	521 5,7%	6 6%	126 4,7%	12 6%	647 5,5%
Sexualdel.	16 16%	688 7,6%	3 3%	144 5,3%	19 9,5%	832 7,1%
Tötungsdel.	3 35%	638 7,0%	7 7%	213 7,9%	10 5%	851 7,2%
BTM-Del.	22 22%	1111 12,3%	54 54%	881 32,5%	76 38%	1992 16,9%
Sonstige Del.	3 3%	1415 15,6%	3 3%	280 10,3%	6 3%	1695 14,4%
Gesamt	100 100%	9062 100%	100 100%	2709 100%	200 100%	11771 100%

Zählt man wieder die Raub-, Körperverletzungs-, Sexual- und Tötungsdelikte zusammen, so liegt bei den deutschen Gefangenen der entsprechende Anteil der Stichprobe mit 45% deutlich über dem landesweiten Anteil von 31,1%. Innerhalb der Gruppe der ausländischen Gefangenen ergibt sich ein homogenes Bild (Stichprobe 32% - NRW 30,9%). Der Anteil der in NRW aufgrund von Gewaltdelikten inhaftierten deutschen (31,1%) und ausländischen (30,9%) Gefangenen ist identisch. Anders verhält es sich bei den Diebstahls- und Vermögensdelikten. Hier überwiegen - wie auch bei der Stichprobe - in NRW die deutschen Gefangenen erkennbar die ausländischen Gefangenen (Stichprobe 30% zu 11%; NRW 40,9% zu 26,4%). Ähnlichkeiten zwischen den Datenmengen zeigen sich auch bei den BTM-Delikten. Die ausländischen Gefangenen sind jeweils wesentlich häufiger vertreten als die deutschen Gefangenen. Prozentuale Unterschiede bestehen allerdings auch hier (Stichprobe 54% zu 22%; NRW 32,5% zu 12,3%).

4.3. Höhe der verhängten Strafen

Die Deliktsstruktur, insbesondere der hohe Anteil an ausländischen BTM-Delinquenten und deutschen Gewalttätern spiegelt sich in der Höhe der verhängten Strafen. Dabei zeigt der Vergleich der Gefangenengruppen, dass die ausländischen Gefangenen im Durchschnitt zu höheren Freiheitsstrafen verurteilt wurden als die deutschen Gefangenen. In concreto lag das durchschnittliche Strafmaß der ausländischen Gefangenen bei 53 Monaten, das durchschnittliche Strafmaß der deutschen Gefangenen bei 42 Monaten.

Tabelle 30: Höhe der verhängten Strafen in Jahren (Tabelle a)

	bis zu 2 Jahren	2 - 4 Jahre	4 - 6 Jahre	6 - 8 Jahre	mehr als 8 Jahre	lebens-länglich	Gesamt
Deutsche	32 32,0%	39 39,0%	21 21,0%	5 5,0%	2 2,0%	1 1,0%	100 100,0%
Ausländer	22 22,0%	38 38,0%	18 18,0%	12 12,0%	8 8,0%	2 2,0%	100 100,0%
Gesamt	54 27,0%	77 38,5%	39 19,5%	17 8,5%	10 5,0%	3 1,5%	200 100,0%

Signifikanzniveau: nicht signifikant

Zu einer Kurzstrafe von bis zu 2 Jahren wurden 32% der deutschen und 22% der ausländischen Gefangenen verurteilt. Zusammengerechnet nur 8% der deutschen und 22% der ausländischen Gefangenen verbüßten eine Freiheitsstrafe von mehr als 6 Jahren.

Innerhalb der Gruppe der ausländischen Gefangenen sind hinsichtlich der Höhe des Strafmaßes ebenfalls erhebliche Abweichungen festzustellen, was auf den hohen Anteil an türkischen BTM-Delinquenten zurückzuführen ist. Das durchschnittliche Strafmaß der türkischen Gefangenen lag mit 59 Monaten deutlich über dem der sonstigen ausländischen Gefangenen mit 48 Monaten.

Tabelle 31: Höhe der verhängten Strafen in Jahren (Tabelle b)

	bis zu 2 Jahren	2 - 4 Jahre	4 - 6 Jahre	6 - 8 Jahre	mehr als 8 Jahre	lebens-länglich	Gesamt
Türken	6 12,5%	16 33,3%	14 29,2%	7 14,6%	4 8,3%	1 2,1%	48 100,0%
sonstige Ausländer	16 30,8%	22 42,3%	4 7,7%	5 9,6%	4 7,7%	1 1,9%	52 100,0%
Gesamt	22 22,0%	38 38,0%	18 18,0%	12 12,0%	8 8,0%	2 2,0%	100 100,0%

Signifikanzniveau: $p < 0,05$
4 Zellen (33,3%) haben eine erwartete Häufigkeit kleiner als 5.

12,5% der türkischen und 30,8% der sonstigen ausländischen Gefangenen wurden zu einer Kurzstrafe von bis zu 2 Jahren verurteilt. Dagegen liegt bei einem Strafmaß zwischen 2 - 6 Jahren der Anteil der türkischen Gefangenen mit zusammengerechnet 62,5% erkennbar über dem der sonstigen ausländischen Gefangenen von 50%. Auch zu einer Freiheitsstrafe von mehr als 6 Jahren wurden mit zusammengerechnet 25% mehr türkische als sonstige ausländische Gefangene (19,2%) verurteilt.

4.4. Verhältnis zwischen Bezugsdelikt und verhängter Strafe

Angesichts des durchschnittlich höheren Strafmaßes der ausländischen, insbesondere der türkischen Gefangenen stellt sich die Frage, ob dies ausschließlich auf den hohen Anteil an ausländischen BTM-Delinquenten zurückzuführen ist, oder ob auch innerhalb der einzelnen Deliktsgruppen Unterschiede im Hinblick auf die Höhe der verhängten Strafe zu erkennen sind.

Tabelle 32: Verhältnis zwischen Bezugsdelikt und der Höhe der verhängten Strafen (Tabelle a)

		bis zu 2 Jahren	2 - 4 Jahre	4 - 6 Jahre	6 - 8 Jahre	8 und mehr Jahre	lebenslänglich	Gesamt
Diebstahl/ Vermögensdelikte	Deutsche	15 50,0%	8 26,7%	7 23,3%				30 100,0%
	Ausländer	8 72,7%	3 27,3%					11 100,0%
Gewaltdelikte	Deutsche	3 6,7%	23 51,1%	11 24,4%	5 11,1%	2 4,4%	1 2,2%	45 100,0%
	Ausländer	4 12,5%	15 46,9%	4 12,5%	4 12,5%	3 9,4%	2 6,3%	32 100,0%
BTM-Delikte	Deutsche	13 59,1%	7 31,8%	2 9,1%				22 100,0%
	Ausländer	9 16,7%	18 33,3%	14 25,9%	8 14,8%	5 9,3%		54 100,0%
sonstige Delikte	Deutsche	1 33,3%	1 33,3%	1 33,3%				3 100,0%
	Ausländer	1 33,3%	2 66,7%					3 100,0%
Gesamt	Deutsche	32 32,0%	39 39,0%	21 21,0%	5 5,0%	2 2,0%	1 1,0%	100 100,0%
	Ausländer	22 22,0%	38 38,0%	18 18,0%	12 12,0%	8 8,0%	2 2,0%	100 100,0%

Signifikanzniveau bei BTM-Delikten: $p < 0,05$
4 Zellen (40,0%) haben eine erwartete Häufigkeit kleiner als 5.

Bei den BTM-Delikten fällt auf, dass lediglich 16,7% der ausländischen gegenüber 59,1% der deutschen Gefangenen zu einer Kurzstrafe von unter 2 Jahren verurteilt wurden. Eine hohe Freiheitsstrafe von mehr als 4 Jahren verbüßten demgegenüber zusammengerechnet 50% der ausländischen und 9,1% (4 - 6 Jahre) der deutschen Gefangenen. Auch bei den Gewaltdelikten liegt der Anteil der ausländischen Gefangenen, deren Strafmaß mehr als 6 Jahre betrug, mit zusammengerechnet 28,2% erkennbar über dem der deutschen Gefangenen von 17,7%.

Diese Ergebnisse zeigen, dass das Strafmaß der ausländischen Gefangenen auch innerhalb der jeweiligen Deliktsgruppe zum Teil in beachtlicher Weise über dem entsprechenden Strafmaß der deutschen Gefangenen lag.

Eine unbedeutende Ausnahme stellen die Diebstahls- und Vermögensdelikte dar (Deutsche ab 2 Jahren: zusammengerechnet 50% - Ausländer 27,3%).

Abweichungen innerhalb einzelner Deliktsgruppen sind auch im Vergleich der türkischen zu den sonstigen ausländischen Gefangenen festzustellen.

Tabelle 33: Verhältnis zwischen Bezugsdelikt und der Höhe der verhängten Strafen (Tabelle b)

		bis zu 2 Jahren	2 - 4 Jahre	4 - 6 Jahre	6 - 8 Jahre	8 und mehr Jahre	lebenslänglich	Gesamt
Diebstahl/ Vermögensdelikte	Türken	1 33,3%	2 66,7%					3 100,0%
	sonstige Ausländer	7 87,5%	1 12,5%					8 100,0%
Gewaltdelikte	Türken	2 14,3%	8 57,1%	2 14,3%	1 7,1%		1 7,1%	14 100,0%
	sonstige Ausländer	2 11,1%	7 38,9%	2 11,1%	3 16,7%	3 16,7%	1 5,6%	18 100,0%
BTM-Delikte	Türken	3 10,0%	5 16,7%	12 40,0%	6 20,0%	4 13,3%		30 100,0%
	sonstige Ausländer	6 25,0%	13 54,2%	2 8,3%	2 8,3%	1 4,2%		24 100,0%
sonstige Delikte	Türken		1 100,0%					1 100,0%
	sonstige Ausländer	1 50,0%	1 50,0%					2 100,0%
Gesamt	Türken	6 12,5%	16 33,3%	14 29,2%	7 14,6%	4 8,3%	1 2,1%	48 100,0%
	sonstige Ausländer	16 30,8%	22 42,3%	4 7,7%	5 9,6%	4 7,7%	1 1,9%	52 100,0%

Signifikanzniveau für BTM-Delikte: $p < 0,05$; 7 Zellen (46,7%) haben eine erwartete Häufigkeit kleiner als 5; ansonsten: nicht signifikant

Von den BTM-Delinquenten wurden 25% (n.6) der sonstigen ausländischen und 10% (n.3) der türkischen Gefangenen zu einer Kurzstrafe von bis zu 2 Jahren verurteilt. Dagegen verbüßten zusammengerechnet 73,3% (n.22) der türkischen gegenüber 20,8% (n.5) der sonstigen ausländischen Gefangenen eine Freiheitsstrafe von mehr als 4 Jahren. Bei den Gewaltdelikten kehrt sich das Bild um. Hier erhielten zusammengerechnet 50,1% (n.9) der sonstigen ausländischen und 28,5% (n.4) der türkischen Gefangenen eine Freiheitsstrafe von mehr als 4 Jahren. Durch den harten Durchgriff bei BTM-Straftaten lässt sich ein beachtlicher Teil der langjährigen Strafen gegenüber Ausländern, insbesondere gegenüber den türkischen Gefangenen, erklären.

Die Befunde lassen ein doppeltes Bild erkennen. Insbesondere die Lage der türkischen Gefangenen stellte sich im Hinblick auf ihre familiäre Einbindung günstiger dar als die der deutschen Gefangenen. Hinsichtlich der Wohnsituation und der beruflichen Bildung entsprachen sich die Daten der beiden Gefangenengruppen in vielfacher Hinsicht. Umgekehrt zeigten sich im Rahmen der jeweiligen Deliktsstruktur in bezug auf die Höhe der verhängten Strafe deutliche Unterschiede zum Nachteil der türkischen Gefangenen.

III. Die Vollzugsgestaltung

Mit den zur praktischen Gestaltung des Strafvollzugs erhobenen Daten soll nunmehr überprüft werden, inwieweit Übereinstimmungen und Unterschiede in der Behandlung der ausländischen und deutschen Gefangenen hinsichtlich der Vollzugsplanung und -durchführung festzustellen sind. Dabei steht die Frage im Mittelpunkt, in welchem Umfang sich bei den ausländischen Gefangenen die ungünstigen rechtlichen Rahmenbedingungen auch faktisch auf die Vollzugsgestaltung ausgewirkt haben. Zugleich geht es um die Kooperation und Entscheidungspraxis der Ausländerbehörden. Wie eingangs dargestellt, hat die JVA vor einer definitiven Ausweisungsentscheidung einen größeren Handlungsspielraum gegenüber der Ausländerbehörde. Dadurch dürfte die Situation für die JVA und die ausländischen Gefangenen im Ergebnis jedoch nicht besser sein.

1. Vollzugsplanung

Damit der Strafvollzug bei ausländischen Gefangenen sinnvoll gestaltet werden kann, muss die Ausländerbehörde frühzeitig über die (Nicht-) Ausweisung des Gefangenen entscheiden.[78] Denn nur wenn die ausländerrechtliche Situation und der künftige Aufenthalt geklärt ist, ist es möglich, die geeigneten Maßnahmen zur Resozialisierung des ausländischen Gefangenen zu bestimmen.[79]

1.1. Zeitpunkt der Kenntniserlangung von der Entscheidung der Ausländerbehörde

Im Hinblick auf die ausländerbehördliche Praxis interessiert zunächst, zu welchem Zeitpunkt der Haftverbüßung der erste Kontakt zwischen Ausländer- und Vollzugsbehörde hergestellt wurde. Wie die folgende Übersicht zeigt, ist bei einem hohen Anteil der ausländischen Gefangenen bereits frühzeitig ein erster Behördenkontakt zustande gekommen.

---

[78] „Entscheidung" meint insoweit nicht nur die Ausweisungsverfügung, sondern jede Entscheidung der Ausländerbehörde über den weiteren Verbleib des Gefangenen.

[79] Vgl. Walter, M., Schmülling, K., StV 6/ 98 S.317

Tabelle 34: Haftphase des erstmaligen Kontaktes zwischen Ausländer- und Vollzugsbe hörde

Haftphase	Anzahl	Prozent	Kumulierte Prozent
bis zu 1/3	75	75%	75%
bis zu 1/2	13	13%	88%
bis zu 2/3	3	3%	91%
bis Strafende	2	2%	93%
unklar	2	2%	95%
(kein Kontakt ersichtlich)	5	5%	100%
Gesamt	100	100%	

Bei 75% der ausländischen Gefangenen kam es bis zum Ablauf von 1/3 der Gesamtverbüßungszeit zum ersten Kontakt zwischen Ausländer- und Vollzugsbehörde, in weiteren 13% der Fälle wurde der erste Behördenkontakt bis zum Ablauf der Hälfte der Gesamtverbüßungszeit hergestellt. Bei 5% der ausländischen Gefangenen ergaben sich aus der Akte keine Anhaltspunkte dafür, dass ein Kontakt zwischen den Behörden stattgefunden hatte. Von diesen Gefangenen (n.5) waren 80% (n.4) zu einer Kurzstrafe von unter zwei Jahren verurteilt worden. Dementsprechend war die Ausweisung des Gefangenen in diesen Fällen nicht zwingend vorgesehen, sondern stand gemäß § 45 AuslG i.V.m. § 46 Nr.2 AuslG im pflichtgemäßen Ermessen der Ausländerbehörde. Von den Gefangenen ohne Behördenkontakt, die zu einer Kurzstrafe von unter 2 Jahren verurteilt wurden (n.4), wurden 75% (n.3) in Deutschland geboren oder sind hier aufgewachsen, so dass die Ausländerbehörde die Ausweisung dieser Gefangenen möglicherweise nicht in Betracht gezogen hat, was die fehlende Kontaktaufnahme erklären könnte.

Die Erkenntnis, dass der erste Kontakt zwischen Ausländer- und Vollzugsbehörde bei 75% der Gefangenen bereits bis zum Ablauf von 1/3 der Gesamtverbüßungszeit hergestellt wurde, erscheint nur auf den ersten Blick als so positiv, da der Anlass des ersten Behördenkontaktes in den meisten Fällen nicht in dem Zugang einer entsprechenden Verfügung über die (Nicht-) Ausweisung des Gefangenen bestand.

Tabelle 35: Konkreter Anlass des erstmaligen Kontaktes zwischen Ausländer- und Vollzugsbehörde

	Anzahl	Prozent
(kein Kontakt)	(5)	(5%)
Darstellung der ausländerrechtlichen Situation (nach Anfrage der JVA)	12	12%
Mitteilung über beabsichtigte ausländerrechtliche Maßnahmen	56	56%
Zugang einer Verwarnung	1	1%
Anhörung des Gefangenen	5	5%
Zugang der Ordnungsverfügung	16	16%
Ankündigung der Abschiebung	2	2%
unklar	3	2%
Gesamt	100	100%

Statt dessen beruhte der erste Behördenkontakt überwiegend (56%) auf einer Mitteilung der Ausländerbehörde über beabsichtigte ausländerrechtliche Maßnahmen. Von diesen 56 Gefangenen wurden 89,3% (n.50) im Verlauf der Haft aus Deutschland ausgewiesen. Lediglich 16% der Gefangenen erhielten direkt eine Verfügung über die (Nicht-) Ausweisung. In 12% der Fälle wurde die Ausländerbehörde nicht von sich aus tätig, sondern der Kontakt wurde von der Vollzugsbehörde mit der Bitte um die Darstellung der ausländerrechtlichen Situation hergestellt.

Im Verlauf der Haft wurde gegenüber einem beachtlichen Anteil der ausländischen Gefangenen eine Ausweisung verfügt.

Tabelle 36: Entscheidung über die Ausweisung des Gefangenen

	Anzahl der Gefangenen	Prozent
keine Ausweisungsentscheidung ergangen	9	9,0%
explizit keine Ausweisung	3	3,0%
Ausweisung verfügt	84	84,0%
Ausweisung verfügt und Abschiebung angedroht	*73*	*73,0%*
unklar	4	4,0%
Gesamt	100	100,0%

Insgesamt 84% der ausländischen Gefangenen wurden aus dem Bundesgebiet ausgewiesen, in 73% der Fälle erfolgte zeitgleich die Androhung der Abschiebung. Hinsichtlich des hohen Anteils an Gefangenen, die bereits im Verlauf der Haft ausgewiesen wurden, ist darauf hinzuweisen, dass die Stichprobe hauptsächlich längere Haftstrafen umfasst. Bei 3% der ausländischen Gefangenen wurde explizit von der Ausweisung abgesehen, in 9%

der Fälle traf die Ausländerbehörde bis zum Erhebungszeitpunkt keine Entscheidung über die Ausweisung des Gefangenen.[80]

Im Hinblick auf die Vollzugsplanung ist aufschlussreich, dass die Vollzugsbehörde bei lediglich knapp der Hälfte der Gefangenen frühzeitig von der ausländerbehördlichen Entscheidung in Kenntnis gesetzt wurde.

Tabelle 37: Kenntniserlangung der JVA von der Ausweisungsentscheidung

Haftphase	Anzahl	Prozent	Kumulierte Prozent
bis zu 1/3	46	46%	46%
bis zu 2/3	20	20%	66%
bis Strafende	8	8%	74%
unklar	17	17%	91%
(keine Entscheidung)	9	9%	100%
Gesamt	100	100%	

Bei lediglich 46% der ausländischen Gefangenen kannte die Vollzugsbehörde bis zum Ablauf von 1/3 der Gesamtverbüßungszeit die Entscheidung der Ausländerbehörde. In 17% der Fälle blieb unklar, wann die Vollzugsbehörde von der Ausweisungsentscheidung benachrichtigt wurde, da eine Verfügung in der Akte nicht zu finden war.[81]

1.2. Erstellung des Vollzugsplans

Nach Strafantritt des Gefangenen ist die Vollzugsbehörde verpflichtet, auf der Grundlage einer zuvor durchgeführten Behandlungsuntersuchung (§ 6 Abs.1, 2 StVollzG) die Grundlinien des weiteren Vollzugsverlaufs in einem vorläufigen Plan festzulegen.[82] Dieser Vollzugsplan (§ 7 Abs.1, 2 StVollzG) dient dem Gefangenen und den Vollzugsbediensteten als Orientierungsrahmen für den Ablauf des Vollzugs und die Ausgestaltung der einzelnen Behandlungsmaßnahmen[83].[84] Der Gefangene hat grundsätzlich einen Anspruch auf die Aufstellung und Weiterführung eines schriftlichen Vollzugsplans, der zu allen Punkten des in § 7 Abs.2 StVollzG vorgesehenen Minimalkataloges von Behandlungsmaßnahmen ausdrücklich Stellung zu nehmen hat.[85]

[80] Zu den möglichen Faktoren, aufgrund derer keine Entscheidung über die Ausweisung des Gefangenen getroffen wurde, bzw. ausdrücklich von einer Ausweisung abgesehen wurde, siehe unten Punkt IV.3.1

[81] Bei 13 dieser Gefangenen wurde eine Ausweisung jedoch verfügt, da die entsprechenden Gefangenen im Verlauf der Haft abgeschoben wurden.

[82] Kaiser/ Kerner/ Schöch, Strafvollzug § 13 1.3; In NRW wird die Behandlungsuntersuchung bei einer Vollzugsdauer von mehr als 24 Monaten in der Einweisungsanstalt Hagen durchgeführt. Von dieser Einweisungsanstalt (vgl. § 152 Abs.2 StVollzG) wird zu-

Vor dem Hintergrund, dass die Vollzugsbehörde bei nur 46% der ausländischen Gefangenen bis zum Ablauf von 1/3 der Gesamtverbüßungszeit von der Entscheidung der Ausländerbehörde erfahren hat, stellt sich die Frage, ob aufgrund der fehlenden Kenntnis in den anderen Fällen eine negative Auswirkung auf die Vollzugsplanung zu bemerken ist. Insoweit fiel auf, dass bei wesentlich mehr ausländischen als deutschen Gefangenen kein Vollzugsplan in der Akte zu finden war.

Tabelle 38: Erstellung eines Vollzugsplans

	ohne Angabe von Gründen kein V-Plan erstellt, bzw. nicht ersichtlich	kein V-Plan wegen zu erwartender Abschiebung des Gefangenen	kein V-Plan wegen kurzer Haftdauer	V-Plan erstellt	Gesamt
Deutsche	2 2,0%		1 1,0%	97 97,0%	100 100,0%
Ausländer	9 9,0%	3 3,0%	1 1,0%	87 87,0%	100 100,0%
Gesamt	11 5,5%	3 1,5%	2 1,0%	184 92,0%	200 100,0%

Signifikanzniveau: $p < 0,05$
4 Zellen (50,0%) haben eine erwartete Häufigkeit kleiner als 5.

Bei zusammengerechnet 13% der ausländischen gegenüber 3% der deutschen Gefangenen war ein Vollzugsplan in der Akte nicht zu finden. Bei 2% der Gefangenen insgesamt hat man explizit aufgrund der kurzen Haftdauer auf die Erstellung eines Vollzugsplans verzichtet. Bei 3% der ausländischen Gefangenen wurde ausdrücklich wegen der zu erwartenden Abschiebung von der Vollzugsplanung abgesehen. In den anderen Fällen (Ausländer 9% - Deutsche 2%) waren keine Gründe für das Fehlen des Vollzugsplans ersichtlich.

Gemäß § 6 Abs.2 StVollzG kann die Vollzugsbehörde von der Behandlungsuntersuchung und von dem auf dieser Grundlage zu erstellenden Vollzugsplan (§ 7 Abs.1 StVollzG) absehen, wenn eine Behandlungsuntersu-

---

gleich der Vollzugsplan vorstrukturiert oder bereits aufgestellt; vgl. Walter, Strafvollzug Rn.179

[83] Hierunter fallen die „Verortung" des Gefangenen (offener- geschlossener Vollzug, Wohngruppe, Arbeitsplatz), die Einbeziehung des Gefangenen in bestimmte Förderungsangebote (berufliche Aus- und Fortbildung, Weiterbildung oder Umschulung) sowie die Vormerkung für Lockerungsmaßnahmen und Entlas- sungsvorbereitungen; vgl. Walter, M., Strafvollzug Rn.449

[84] Callies/ Müller-Dietz, Kommentar zum Strafvollzugsgesetz § 7 Rn.1

[85] OLG Hamm ZfStrVo 1979, 63; vgl. auch Hötter, ZfStrVo 1993 S.143

chung mit Rücksicht auf die Vollzugsdauer[86] nicht geboten erscheint.[87] Als Ermessensrichtlinie wird in der Verwaltungsvorschrift zu § 6 StVollzG bestimmt, dass eine Behandlungsuntersuchung in der Regel dann nicht geboten sei, wenn die voraussichtliche Vollzugsdauer bis zu einem Jahr beträgt.[88] Es liegt nahe, dass bei denjenigen Gefangenen, deren Strafe lediglich 15 Monate oder unwesentlich mehr betrug, aufgrund der dadurch zu erwartenden Vollzugsdauer von unter einem Jahr, ohne weitere Begründung von der gemäß § 6 Abs.1 S.2 StVollzG in das Ermessen der Vollzugsbehörde gestellten Behandlungsuntersuchung und von der Erstellung eines Vollzugsplans abgesehen wurde. Im Rahmen der Ermessensausübung wird die unklare ausländerrechtliche Situation eine Rolle gespielt haben, da in den 2 Fällen, in denen auf diese Weise verfahren worden sein dürfte, keine Ausweisungsentscheidung ergangen war bzw. die Vollzugsbehörde erst in dem Zeitraum bis Strafende Kenntnis von der Ausweisungsverfügung erlangt hatte.

Bei den verbleibenden 7 ausländischen Gefangenen, bei denen ohne eine konkrete Angabe von Gründen von der Erstellung eines Vollzugsplans abgesehen wurde, obwohl eine Vollzugsdauer von über einem Jahr zu erwarten war, ist auffällig, dass keiner der Gefangenen in Deutschland geboren worden oder aufgewachsen war.

Tabelle 39: Aufenthaltsdauer in Deutschland bei den ausländischen Gefangenen, bei denen ein Vollzugsplan ohne eine konkrete Angabe von Gründen nicht erstellt wurde

	in Deutschland geboren und oder aufgewachsen	nicht in Deutschland aufgewachsen	kein ständiger Aufenthalt in Deutschland	Gesamt
bis zu 2 Jahren	1 50,0%	1 50,0%		2 100,0%
mehr als 2 Jahre		4 40,0%	3 60,0%	7 100,0%
Gesamt	1 11,1%	5 55,6%	3 33,3%	9 100,0%

Statt dessen waren von diesen Gefangenen 4 nicht in Deutschland aufgewachsen und 3 hatten vor ihrer Inhaftierung keinen ständigen Aufenthalt in

[86] Unter Vollzugsdauer ist die voraussichtliche Vollzugsdauer zu verstehen, d.h. der Zeitraum ausschließlich einer angerechneten Untersuchungshaft, aber einschließlich eines eventuell auszusetzenden Strafrestes; vgl. Callies/ Müller-Dietz, a.a.O. § 6 Rn.5

[87] Vgl. Walter M., Strafvollzug Rn.448; Mey in Schwind/ Böhm, Kommentar zum Strafvollzugsgesetz § 6 Rn.21

[88] Vgl. zur kritischen Auseinandersetzung mit der Vorschrift: Callies/ Müller-Dietz, welche die Ansicht vertreten, dass besondere Behandlungsangebote erst bei einer Vollzugsdauer von unter 6 Monaten so offen-sichtlich sinnlos sind, dass eine Behandlungsuntersuchung nicht geboten sein könnte; a.a.O. § 6 Rn.5

Deutschland. Von den genannten 7 Gefangenen wurden 5 zu einer Freiheitsstrafe von mehr als drei Jahren verurteilt. Somit lagen die Voraussetzungen für eine zwingende Ausweisung nach § 47 Abs.1 Nr.1 AuslG vor. Da ein eventuell bestehender Ausweisungsschutz nach § 48 Abs.1 AuslG in den Fällen der zwingenden Ausweisung lediglich eine Herabstufung der Ist- zur Regel-Ausweisung bewirkt (§ 47 Abs.3 AuslG), wird die Vollzugsbehörde auch in den Fällen, in denen sie erst nach dem Ablauf von 1/3 der Gesamtverbüßungszeit in Kenntnis von der Ausweisung des Gefangenen gesetzt wurde, aufgrund der zu erwartenden Ausweisung bzw. Abschiebung von der Vollzugsplanung abgesehen haben. Dies ist angesichts der generellen Verpflichtung der Vollzugsbehörde, den Vollzugsverlauf in seinen Grundlinien festzulegen, sehr fragwürdig, zumal von einer Ausweisung bzw. Abschiebung der entsprechenden Gefangenen ausgegangen werden konnte, die ausländerrechtliche Situation mithin faktisch geklärt war.

2. (Geplante) Verlegung in den/ Gleichstellung mit dem offenen Vollzug

Der Gefangene soll grundsätzlich in einer Anstalt oder Abteilung des offenen Vollzugs untergebracht werden (§ 10 Abs.1 StVollzG).[89] Unter offenem Vollzug sind nach § 141 Abs.2 StVollzG „offene" oder „halboffene", d.h. solche Anstalten zu verstehen, die entweder keine oder nur verminderte Vorkehrungen gegen Entweichungen vorsehen.[90] Durch die Unterbringung im offenen Vollzug soll dem Gefangenen ein entsprechendes Vertrauen entgegen gebracht werden, so dass er Selbstverantwortung üben kann und erlernt, gegenüber Versuchungssituationen standhaft zu bleiben. Hierdurch soll insbesondere eine den allgemeinen Vollzugsgrundsätzen entsprechende weitgehende Angleichung des Vollzugs an die allgemeinen Lebensverhältnisse (§ 3 StVollzG) ermöglicht werden.[91] Im Fall seiner Eignung für die besonderen Anforderungen des offenen Vollzugs (§ 10 Abs.1 StVollzG) steht dem Gefangenen allerdings kein Rechtsanspruch auf die Unterbrin-

---

[89] Die Unterbringung des Gefangenen im offenen Vollzug stellt somit die Regelvollzugsform dar; vgl. AK- StVollzG-Lesting § 10 Rn.4; Schwind/ Böhm-Ittel, StVollzG § 10 Rn.2; Laubenthal, Strafvollzug Rn.332. Dennoch führen die unbestimmten Gesetzesbegriffe bei den Voraussetzungen des offenen Vollzugs (§ 10 Abs.1 StVollzG) und die in § 10 Abs.2 S.2 StVollzG vorgesehene Möglichkeit der Zurückverlegung des Gefangenen in den geschlossenen Vollzug aus Behandlungsgründen statistisch zu einem Überwiegen des geschlossenen Vollzugs; vgl. Kaiser/ Kerner/ Schöch, a.a.O. § 6 2.22

[90] Callies/ Müller-Dietz, a.a.O. § 10 Rn.2

[91] Darüber hinaus bietet der offene Vollzug die besten Voraussetzungen für eine gleichmäßige Gewährung von Vollzugslockerungen (dazu unten Punkt III.3); vgl. Kaiser/ Kerner/ Schöch, a.a.O. § 6 2.22

gung im offenen Vollzug zu, sondern ein Recht auf fehlerfreien Ermessensgebrauch seitens der Vollzugsbehörde.[92]

Hinsichtlich der Eignung des Gefangenen für den offenen Vollzug resultieren für ausländische Gefangene aus den eingangs genannten Verwaltungsvorschriften zu § 10 StVollzG erhebliche Zugangserschwernisse. So sind Gefangene, gegen die eine vollziehbare Ausweisungsverfügung besteht und die aus der Haft abgeschoben werden sollen, grundsätzlich vom offenen Vollzug ausgeschlossen. Gefangene, gegen die ein Ausweisungsverfahren anhängig ist, gelten als in der Regel ungeeignet für die Unterbringung im offenen Vollzug.[93]

Da somit davon auszugehen ist, dass bei ausländischen Gefangenen bereits die für die Ermessensentscheidung der Vollzugsbehörde tatbestandlich in § 10 Abs.1 StVollzG vorausgesetzte Eignung des Gefangenen für die Unterbringung im offenen Vollzug verneint wird, lässt der Vergleich der Gefangenengruppen erwartungsgemäß eine deutliche Benachteiligung der ausländischen gegenüber den deutschen Gefangenen erkennen.

Tabelle 40: (Geplante) Verlegung in den/ Gleichstellung mit dem offenen Vollzug (Tabelle a)

	keine Verlegung in den/ Gleichstellung mit dem offenen Vollzug	Verlegung in den offenen Vollzug	Gleichstellung mit dem offenen Vollzug	Gesamt
Deutsche	72 72,0%	10 10,0%	18 18,0%	100 100,0%
Ausländer	90 90,0%	2 2,0%	8 8,0%	100 100,0%
Gesamt	162 81,0%	12 6,0%	26 13,0%	200 100,0%

Signifikanzniveau: $p < 0,05$

Bei 2% der ausländischen gegenüber 10% der deutschen Gefangenen war eine Verlegung in den offenen Vollzug geplant. Auch mit dem offenen Vollzug gleichgestellt[94] wurden nur 8% der ausländischen gegenüber 18% der deutschen Gefangenen.

---

[92] Mit der Soll-Vorschrift wird angezeigt, dass den Vollzugsbehörden nur ein enger Ermessensspielraum eingeräumt wird und generell nur in begründeten Ausnahmefällen gestattet wird, einen für den offenen Vollzug geeigneten Gefangenen im geschlossenen Vollzug unterzubringen. Callies/ Müller-Dietz, a.a.O. § 10 Rn.2

[93] Die VV dienen der Ausfüllung des unbestimmten Rechtsbegriffs der Eignung des Gefangenen für den offenen Vollzug; vgl. Callies/ Müller-Dietz, a.a.O. § 10 Rn.6, auch zu den VV im einzelnen.

[94] Bei der Gleichstellung mit dem offenen Vollzug verbleibt der Gefangenen zwar im geschlossenen Vollzug, „genießt" dort aber die Vorzüge des offenen Vollzugs.

Da der Anteil der Gefangenen, die im Verlauf der Haft in den offenen Vollzug verlegt werden sollten, jeweils sehr gering ist, ist es zweckmäßig, diesen Anteil mit dem Anteil der Gefangenen, die mit dem offenen Vollzug gleichgestellt werden sollten, zusammenzufassen. Hierdurch wird die Schlechterstellung der ausländischen Gefangenen noch offensichtlicher

Tabelle 41: (Geplante) Verlegung in den/ Gleichstellung mit dem offenen Vollzug (Tabelle b)

	Verlegung in den/ Gleichstellung mit dem offenen Vollzug		Gesamt
	nein	ja	
Deutsche	72 72,0%	28 28,0%	100 100,0%
Ausländer	90 90,0%	10 10,0%	100 100,0%
Gesamt	162 81,0%	38 19,0%	200 100,0%

Signifikanzniveau: $p < 0,05$

Der Anteil der deutschen Gefangenen, bei denen eine Verlegung in den offenen Vollzug geplant war bzw. die mit dem offenen Vollzug gleichgestellt werden sollten, überwiegt mit 28% eindeutig den entsprechenden Anteil der ausländischen Gefangenen von nur 10%.

Eine Benachteiligung lässt auch die Differenzierung zwischen türkischen und sonstigen ausländischen Gefangenen zum Nachteil der sonstigen ausländischen Gefangenen erkennen.

Tabelle 42: (Geplante) Verlegung in den/ Gleichstellung mit dem offenen Vollzug (Tabelle c)

	Verlegung in den/ Gleichstellung mit dem offenen Vollzug		Gesamt
	nein	ja	
Türken	41 85,4%	7 14,6%	48 100,0%
sonstige Ausländer	49 94,2%	3 5,8%	52 100,0%
Gesamt	90 90,0%	10 10,0%	100 100,0%

Signifikanzniveau: nicht signifikant

5,8% (n.3) der sonstigen ausländischen und 14,6% (n.7) der türkischen Gefangenen sollten in den offenen Vollzug verlegt oder diesem gleichgestellt werden. Der Anteil der türkischen Gefangenen ist dabei halb so hoch wie der entsprechende Anteil der deutschen Gefangenen von 28%. Dies erscheint erstaunlich angesichts der vielfachen Belastung türkischer Gefangener mit BTM-Delikten.[95]

2.1 Zusammenhang mit der Verlegung in den/ Gleichstellung mit dem offenen Vollzug und anderweitigen Faktoren

Es wäre zweckmäßig, im Wege einer Varianzanalyse eine Gewichtung zwischen einzelnen Faktoren vorzunehmen, welche die Entscheidung der Vollzugsbehörden über die Unterbringung des Gefangenen im oder gleich dem offenen Vollzug beeinflusst haben könnten. Diese Methode kann vorliegend jedoch nicht angewendet werden, da aufgrund der geringen Zahlen die Voraussetzungen für ein solches statistisches Verfahren nicht vorliegen.[96] Aus diesem Grund wird die Auswirkung einzelner Faktoren auf die Unterbringung im oder diesem gleichgestellten Vollzug jeweils gesondert untersucht.[97]

2.1.1. Auswirkung der ausländerrechtlichen Situation auf die (geplante) Verlegung in den/ Gleichstellung mit dem offenen Vollzug

Im Hinblick auf die Verwaltungsvorschriften zu § 10 StVollzG fragt sich, in welchem Ausmaß die ausländerrechtliche Situation tatsächlich eine Benachteiligung der ausländischen Gefangenen hinsichtlich der Unterbringung im/ gleich dem offenen Vollzug bewirkt hat.

---

[95] Eine Aufschlüsselung in die einzelnen Deliktsgruppen erscheint aufgrund der geringen Zahlen nicht sinnvoll.

[96] So ist die für eine Varianzanalyse vorausgesetzte Normalverteilungskurve bereits nicht gegeben. Zudem hat die abhängige Variable nicht das erforderliche Intervall-Skalenniveau.

[97] Entsprechendes gilt hinsichtlich der noch darzustellenden Lockerungs- und Ausbildungsmaßnahmen.

Tabelle 43: Relation zwischen der Entscheidung über die Ausweisung des Gefangenen und der (geplanten) Verlegung in den/ Gleichstellung mit dem offenen Vollzug

	Verlegung in den/ Gleichstellung mit dem offenen Vollzug		Gesamt
	nein	ja	
keine Ausweisungsentscheidung ergangen	8	1	9
	88,9	11,1	100,0
explizit keine Ausweisung	2	1	3
	66,7	33,3	100,0
Ausweisung verfügt	76	8	84
	90,5	9,5	100,0
Abschiebung angedroht	66	7	73
	90,4	9,6	100,0
unklar	4		4
	100,0		100,0
Gesamt	90	10	100
	90,0	10,0	100,0

Anmerkung: Bei dieser Tabelle waren Mehrfachnennungen möglich.
Bei Einfachnennung (ohne die Antwortmöglichkeit „Ausweisung verfügt/ Abschiebung angedroht/ verfügt") beträgt das Signifikanzniveau p = 0,514 (nicht signifikant).

Erwartungsgemäß sollten nur 9,5% der ausländischen Gefangenen, gegenüber denen eine Ausweisung verfügt wurde, in den offenen Vollzug verlegt oder diesem gleichgestellt werden. Daran ist deutlich zu erkennen, dass bei nur wenigen ausländischen Gefangenen eine Ausnahme von den sich aus den Verwaltungsvorschriften zu § 10 StVollzG ergebenden Beschränkungen, nach denen ausgewiesene ausländische Gefangene grundsätzlich von der Unterbringung im offenen Vollzug ausgeschlossen sind, gemacht wurde. Allerdings sollte auch von den ausländischen Gefangenen, bei denen bis zum Erhebungszeitpunkt (noch) keine Entscheidung über die Ausweisung getroffen worden war, nur einer (11,1%) in den offenen Vollzug verlegt oder diesem gleichgestellt werden. Bei den Gefangenen, bei denen (noch) keine Entscheidung über die Ausweisung getroffen war (n.9), war ein Ausweisungsverfahren, aufgrund dessen ausländische Gefangene gemäß den Verwaltungsvorschriften zu § 10 StVollzG als *in der Regel* ungeeignet für die Unterbringung im offenen Vollzug gelten, in 5 Fällen vermutlich noch nicht anhängig. Dies ergibt sich daraus, dass eine Kontaktaufnahme zwischen den Behörden nicht erfolgt war. Bei der Kontaktaufnahme setzt die Ausländerbehörde die Vollzugsbehörde in der Regel über beabsichtigte ausländerrechtliche Maßnahmen in Kenntnis. Somit scheint sich nicht nur die verfügte Ausweisung bzw. ein anhängiges Ausweisungsverfahren, sondern auch die wegen der Untätigkeit der Ausländerbehörde unklare ausländerrechtliche Situation negativ auf die Unterbringung des Gefangenen im offenen Vollzug ausgewirkt zu haben.

Es passt ins Bild, dass die Vollzugsbehörde bei den meisten Gefangenen, die ausgewiesen wurden und die dennoch in offeneren Formen untergebracht werden sollten, frühzeitig Kenntnis von der Ausweisungsverfügung erlangt hatte.

Tabelle 44: (Geplanter) offener oder diesem gleichgestellter Vollzug trotz Ausweisung: Zeitpunkt der Kenntniserlangung der JVA von der Entscheidung

	Bis zu 1/3	Bis zu 2/3	Bis Strafende	unklar	keine Entscheidung	Gesamt
keine Ausweisungsentscheidung ergangen					1 100,0%	1 100,0%
explizit keine Ausweisung			1 100,0%			1 100,0%
Ausweisung verfügt	5 62,5%	1 12,5%	1 12,5%	1 12,5%		8 100,0%
Ausweisung verfügt/ Abschiebung angedroht	5 71,4%		1 14,3%	1 14,3%		7 100,0%
Gesamt	5 100,0%	1 10,0%	2 30,0%	1 20,0%	1 10,0%	10 100,0%

Bei Einfachnennung (ohne die Antwortmöglichkeit „Ausweisung verfügt/ Abschiebung angedroht/ verfügt") beträgt das Signifikanzniveau p = 0,072 (nicht mehr signifikant)[98]

Bei 62,5% (n.5) der entsprechenden Gefangenen hat die Vollzugsbehörde bis zum Ablauf von 1/3 der Gesamtverbüßungszeit Kenntnis von der Verfügung erlangt. Dies legt die Vermutung nahe, dass sich der frühzeitige Zeitpunkt der Kenntniserlangung von der Ausweisungsverfügung positiv auf die „ausnahmsweise" Unterbringung des Gefangenen im/ gleich dem offenen Vollzug ausgewirkt hat.

Diese Vermutung wird bekräftigt, wenn man den Zeitpunkt mit einbezieht, zu dem die Vollzugsbehörde generell von der Entscheidung der Ausländerbehörde - nicht nur bei den ausgewiesenen Gefangenen - in Kenntnis gesetzt wurde.

[98] Das hier nicht mehr signifikante Ergebnis ist möglicherweise auf die geringen Zahlen zurückzuführen.

Tabelle 45: Relation zwischen dem Zeitpunkt der Kenntniserlangung von der Ausweisungsverfügung und der (geplanten) Verlegung in den/ Gleichstellung mit dem offenen Vollzug

Haftphase	Verlegung in den/ Gleichstellung mit dem offenen Vollzug	
	Anzahl	Prozent
Bis zu 1/3	5	50,0%
Bis zu 2/3	1	10,0%
Bis Strafende	2	20,0%
unklar/ keine Entscheidung	2	20,0%
Gesamt	10	100,0%

Bei 50% der ausländischen Gefangenen, deren Verlegung in den oder Gleichstellung mit dem offenen Vollzug vorgesehen wurde, kannte die Vollzugsbehörde bereits bis zum Ablauf von 1/3 der Gesamtverbüßungszeit die Entscheidung der Ausländerbehörde.

2.1.2. Auswirkung der Sozialisation auf die (geplante) Verlegung in den/ Gleichstellung mit dem offenen Vollzug

Aufschlussreich im Hinblick auf die Verlegung in den/ Gleichstellung mit dem offenen Vollzug sind die Daten zur Sozialisation der Gefangenen in Deutschland. Es besteht ein signifikanter Zusammenhang zwischen der Unterbringung im oder gleich dem offenen Vollzug und der Aufenthaltsdauer der Gefangenen in Deutschland.

Tabelle 46: Relation zwischen der (geplanten) Verlegung in den/ Gleichstellung mit dem offenen Vollzug und der Aufenthaltsdauer der ausländischen Gefangenen in Deutschland

		in Deutschland geboren und/ oder aufgewachsen	nicht in Deutschland aufgewachsen	kein ständiger Aufenthalt in Deutschland	Gesamt
Verlegung in den/ Gleichstellung mit dem offenen Vollzug	nein	32 35,6%	34 37,8%	24 26,7%	90 100,0%
	ja	9 90,0%		1 10,0%	10 100,0%
Gesamt		41 41,0%	34 34,0%	25 25,0%	100 100,0%

Signifikanzniveau $p < 0,05$
3 Zellen (50%) haben eine erwartete Häufigkeit kleiner als 5.

Von den ausländischen Gefangenen, die in den offenen Vollzug verlegt oder mit diesem gleichgestellt werden sollten, wurden 90% (n.9) in Deutschland geboren oder sind hier aufgewachsen. Bei den ausgewiesenen ausländischen Gefangenen beträgt dieser Anteil 87,5% (n.7).[99]

Noch deutlicher ist die positive Auswirkung der Aufenthaltsdauer der Gefangenen in Deutschland auf die Verlegung in den/ Gleichstellung mit dem offenen Vollzug anhand der folgenden Tabelle zu erkennen:

Tabelle 47: Relation zwischen der Aufenthaltsdauer der Gefangenen in Deutschland und der (geplanten) Verlegung in den/ Gleichstellung mit dem offenen Vollzug

	Verlegung in den/ Gleichstellung mit dem offenen Vollzug		Gesamt
	nein	ja	
in Deutschland geboren und/ oder aufgewachsen	32 78,0%	9 22,0%	41 100,0%
nicht in Deutschland aufgewachsen	34 100,0%		34 100,0%
kein ständiger Aufenthalt in Deutschland	24 96,0%	1 4,0%	25 100,0%
Gesamt	90 90,0%	10 10,0%	100 100,0%

Signifikanzniveau: $p < 0,05$
3 Zellen (50,0%) haben eine erwartete Häufigkeit kleiner als 5.

Von den ausländischen Gefangenen, die in Deutschland geboren wurden oder aufgewachsen sind, sollten 22% (n.9) in den offenen Vollzug verlegt oder diesem gleichgestellt werden. Dieser Anteil nähert sich erkennbar dem parallelen Anteil der deutschen Gefangenen von 28%. Gegenüber 77,8% (n.7) der entsprechenden Gefangenen wurde eine Ausweisung verfügt.[100]

Bei 71,4% (n.5) dieser Gefangenen hatte die Vollzugsbehörde vor Ablauf von 1/3 der Gesamtverbüßungszeit Kenntnis von der Ausweisungsverfügung. Bei den ausländischen Gefangenen, die in Deutschland geboren wurden oder aufgewachsen sind, wirkte sich die Ausweisung somit kaum nachteilig auf die Unterbringung im oder gleich dem offenen Vollzug aus.

2.2. Begründung der ablehnenden Entscheidung

Aufgrund der in den Verwaltungsvorschriften zu § 10 StVollzG genannten Zugangsbeschränkungen für ausländische Gefangene stand bei diesen jede zweite Begründung gegen die Verlegung in den/ Gleichstellung mit

---

[99] Bei 5 der entsprechenden Gefangenen hatte die Vollzugsbehörde bis zum Ablauf von 1/3 der Gesamtverbüßungszeit Kenntnis von der Ausweisungsverfügung. Auch dies spricht dafür, dass der frühe Zeitpunkt der Kenntniserlangung von der Ausweisungsverfügung eine Entscheidung über die Verlegung in den/ Gleichstellung mit dem offenen Vollzug positiv beeinflusst hat.

[100] Siehe Tabelle 1 im Anhang

dem offenen Vollzug in direktem Zusammenhang mit der ausländerrechtlichen Situation.

Tabelle 48: (Geplante) Verlegung in den/ Gleichstellung mit dem offenen Vollzug - Begründung der ablehnenden Entscheidung

Ablehnungsgründe	**Deutsche**		**Ausländer**		**Gesamt**	
Keine Prüfung (kein Vollzugsplan) ersichtlich	*1*	*1,9%*	*4*	*4,4%*	*5*	*3,1%*
Erhebliche Drogenabhängigkeit/ Suchtproblematik	32	44,4%	11	12,2%	43	26,5%
Drogenkonsum während der Inhaftierung	5	6,9%			5	3,1%
Fluchtgefahr/ -verdacht	1	1,4%	8	8,9%	9	5,5%
Missbrauchsgefahr	6	8,3%	8	8,9%	14	8,6%
Hoher Strafrest	2	1,9%	6	6,7%	8	4,9%
Bisherige wirkungslose Haftverbüßung			1	1,1%	1	0,6%
Bewährungsversager	4	5,6%	3	3,3%	7	4,3%
Persönlichkeit des Gefangenen/ Persönlichkeitsdefizite	8	11,1%	3	3,3%	11	6,8%
Keine Auseinandersetzung mit begangenen Straftaten	5	6,9%			5	3,1%
Unklarer Vollstreckungsstand	1	1,4%	5	5,6%	6	3,7%
Ermittlungs- oder Strafverfahren anhängig	4	5,6%	9	9,9%	13	8,0%
Bewährungsfrist nach Rückverlegung in geschlossenen Vollzug	5	6,9%			5	3,1%
Fehlende Zustimmung/ Verzicht	14	19,4%	4	4,4%	18	11,1%
Sonstige Gründe	13	15,6%	7	7,7%	18	11,1%
Keine sozialen Kontakte/ Bindungen (in der BRD)	2	1,9%	12	13,3%	14	8,6%
Allgemein ausländerrechtliche Situation			8	8,9%	8	4,9%
Unklare ausländerrechtliche Situation			20	22,2%	20	12,3%
Ausländerrechtliche Maßnahmen zu erwarten/ angedroht			17	18,8%	17	10,5%
Ausweisungsverfahren anhängig			6	6,7%	6	3,7%
Ausweisung verfügt			11	12,2%	11	6,8%
Abschiebung angedroht			2	2,2%	2	1,2%
Abschiebung verfügt			9	9,9%	9	5,5%
Anzahl der ablehnenden Entscheidungen	82	100%	91	100%	173	100%
Summe der Gründe insgesamt	251		pro Ent.		1,5	
Summe der Gründe bei deutschen Gefangenen	102		pro Ent.		1,4	
Summe der Gründe bei ausländischen Gefangenen	149		pro Ent.		1,7	
Summe der Gründe, welche die ausländerrechtliche Situation betreffen	73		pro Ent. v. Ausl.		2,0	

Durchschnittlich 1,6 Gründe führten die Vollzugsbehörden gegen die Unterbringung des Gefangenen im oder gleich dem offenen Vollzug an, wobei zwischen den deutschen (1,4) und den ausländischen Gefangenen (1,7) kein nennenswerter Unterschied bestand. Vielfach wurde eine erhebliche Drogenabhängigkeit bzw. Suchtproblematik angegeben, die bei den deutschen Gefangenen (44,4%) auffallend häufiger vorkam als bei den ausländischen Gefangenen (12,2%). Die ablehnende Entscheidung beruhte - möglicherweise aufgrund der ausländerrechtlichen Situation - bei zusammengerechnet 17,8% gegenüber 9,7% der deutschen Gefangenen auf vermuteter Flucht- bzw. Missbrauchsgefahr. Das Fehlen sozialer Kontakte oder Bindungen in Deutschland erwähnten die Vollzugsbehörden bei 13,3% der ausländischen gegenüber lediglich 1,9% der deutschen Gefangenen. In insgesamt 80,2%[101] der Entscheidungen bei den ausländischen Gefangenen wurde die ausländerrechtliche Situation einbezogen. Hierbei dominierten die unklare ausländerrechtliche Situation (22,2%) sowie zu erwartende bzw. angedrohte ausländerrechtliche Maßnahmen (18,8%).[102]

3. Gewährung von Vollzugslockerungen; Urlaub aus der Haft

Vollzugslockerungen dienen dazu, die Durchführung notwendiger Behandlungsmaßnahmen - insbesondere in den Bereichen Arbeit und Ausbildung, Therapie und Freizeitbeschäftigung - entweder vollständig oder nur teilweise auch außerhalb des Anstaltsbereichs zu ermöglichen (§ 11 Abs.1 StVollzG).[103] Der Vollzug wird in der Weise gelockert, dass der Gefangene den geschlossenen Bereich der Anstalt verlassen darf. Dies kann mit oder ohne Aufsicht durch Vollzugsbedienstete, einmalig oder regelmäßig oder zu im Vollzugsplan festgelegten Anlässen und zu bestimmten Tageszeiten geschehen.[104]

Vom Urlaub aus der Haft nach § 13 StVollzG unterscheiden sich die Vollzugslockerungen dadurch, dass bei ihnen Inhalt und Zweck sowie Art und Weise der Durchführung von der Vollzugsbehörde vorgegeben werden, während die inhaltliche Gestaltung des Urlaubs in der Regel dem Gefangenen als Feld seiner Erprobung selbst überlassen bleibt.[105] Der Urlaub aus der Haft dient insbesondere der Aufrechterhaltung und Festigung der sozialen Kontakte des Gefangenen außerhalb der Anstalt, der Bewährung des

---

[101] Eigene Berechnungen

[102] Zur Bewertung der letztgenannten Ergebnisse siehe unter Punkt 3.3

[103] Aus diesem Grund muss auch der Vollzugsplan nach § 7 Abs.2 Nr.7 StVollzG Angaben darüber enthalten, ob und ggfs. zu welchem Zeitpunkt entsprechende Lockerungen in Betracht kommen, vgl. Callies/ Müller-Dietz, a.a.O. § 11 Rn.1

[104] Vgl. zu den Vollzugslockerungen im einzelnen Callies/ Müller-Dietz, a.a.O. § 11 Rn.4 ff.

[105] Siehe Callies/ Müller-Dietz, a.a.O. § 11 Rn.2

Gefangenen in der Freiheit (§ 2 StVollzG) sowie der Kompensation von schädlichen Einflüssen im Vollzug.[106]

Sowohl hinsichtlich der Gewährung von Vollzugslockerungen als auch von Urlaub aus der Haft steht dem Gefangenen bei Vorliegen der tatbestandlichen Voraussetzungen der genannten Vorschriften - namentlich wenn eine Flucht- oder Missbrauchsgefahr nicht zu befürchten ist - kein Anspruch, sondern lediglich das Recht auf eine ermessensfehlerfreie Entscheidung der Vollzugsbehörde zu.[107]

Da hinsichtlich der Gewährung von Vollzugslockerungen und von Hafturlaub ebenfalls einschränkende Verwaltungsvorschriften[108] für ausländische Gefangene bestehen, ist im Vergleich der Gefangenengruppen analog der Unterbringung des Gefangenen im oder gleich dem offenen Vollzug eine deutliche Benachteiligung der ausländischen gegenüber den deutschen Gefangenen festzustellen.

Tabelle 49: Gewährung von Vollzugslockerungen und von Hafturlaub (Tabelle a)

	Ausführung/ Ausgang		Beurlaubung		Außenbeschäftigung/ Freigang		Gesamt
	nein	ja	nein	ja	nein	ja	
Deutsche	78	22	42	58	96	4	100
	78,0%	22,0%	42,0%	58,0%	96,0%	4,0%	100,0%
Ausländer	89	11	82	18	100		100
	89,0%	11,0%	82,0%	18,0%	100,0%		100,0%
Gesamt	167	33	124	76	196	4	200
	83,5%	16,5%	62,0%	38,0%	98,0%	2,0%	100,0%

Signifikanzniveau Ausführung/ Ausgang: $p < 0,05$
Signifikanzniveau Beurlaubung: $p < 0,05$
Signifikanzniveau Außenbeschäftigung/ Freigang: $p < 0,05$; 2 Zellen (50,0%) haben eine erwartete Häufigkeit kleiner als 5.

Der Anteil der ausländischen Gefangenen, denen Ausführung bzw. Ausgang bewilligt wurde, liegt mit 11% erkennbar unter dem entsprechenden Anteil der deutschen Gefangenen von 22%. Noch eindeutiger zeigt sich die Benachteiligung bei der Gewährung von Urlaub aus der Haft. Hier liegt der Anteil der ausländischen Gefangenen mit 18% wesentlich unter dem entsprechenden Anteil der deutschen Gefangenen von 58%.

---

106 Callies/ Müller-Dietz, a.a.O. § 13 Rn.9

107 Callies/ Müller-Dietz, a.a.O. § 11 Rn.1; § 13 Rn.3

108 Die VV dienen insoweit sowohl als Ermessensrichtlinien (vgl. VV Nr.6 zu § 11 StVollzG, VV Nr.3 zu § 13 StVollzG) als auch als Auslegungsrichtlinien zur Konkretisierung der unbestimmten Rechtsbegriffe, die nach den §§ 11 Abs.2, 13 Abs.1 S.2 i.V.m. § 11 Abs.2 StVollzG Tatbestandsvoraussetzung für die Gewährungen von Lockerungen bzw. Hafturlaub sind (vgl. VV Nr.7 zu § 11 StVollzG, VV Nr.4 StVollzG).

Die Differenzierung zwischen türkischen und sonstigen ausländischen Gefangenen lässt nur geringfügige Unterschiede zwischen den Gefangenengruppen erkennen.

Tabelle 50: Gewährung von Vollzugslockerungen und von Hafturlaub (Tabelle b)

	Ausführung/ Ausgang		Beurlaubung		Gesamt
	nein	ja	nein	ja	
Türken	43	5	38	10	48
	89,6%	10,4%	79,2%	20,8%	100,0%
sonstige Ausländer	46	6	44	8	52
	88,5%	11,5%	84,6%	15,4%	100,0%
Gesamt	89	11	82	18	100
	89,0%	11,0%	82,0%	18,0%	100,0%

Signifikanzniveau Ausführung/ Ausgang: nicht signifikant
Signifikanzniveau Beurlaubung: nicht signifikant

20,8% der türkischen und 15,4% der sonstigen ausländischen Gefangenen erhielten Urlaub aus der Haft. Hinsichtlich der Gewährung von Ausführung/ Ausgang sind die jeweiligen Anteile etwa identisch (Türken 10,4% - sonstige Ausländer 11,5%).

3.1. Auswirkung der ausländerrechtlichen Situation auf die Gewährung von Vollzugslockerungen und von Hafturlaub

Im Hinblick auf die Verwaltungsvorschriften zu den §§ 11, 13 StVollzG stellt sich auch hinsichtlich der Gewährung von Vollzugslockerungen und von Hafturlaub die Frage, in welchem Ausmaß sich die ausländerrechtliche Situation konkret ausgewirkt hat.

Tabelle 51: Relation zwischen der Ausweisungsentscheidung und der Gewährung von Vollzugslockerungen und von Hafturlaub

	Ausführung/ Ausgang		Beurlaubung		Gesamt
	nein	ja	nein	ja	
keine Ausweisungsentscheidung ergangen/ explizit keine Ausweisung	9 75,0%	3 25,0%	6 50,0%	6 50,0%	12 100,0
Ausweisung verfügt	76 90,5	8 9,5	72 85,7	12 14,3	84 100,0
Ausweisung verfügt/ Abschiebung angedroht	67 91,8	6 8,2	63 86,3	10 13,7	73 100,0
unklar	4 100,0		4 100,0		4 100,0
Gesamt	89 89,0	11 11,0	82 82,0	18 18,0	100 100,0

Anmerkung: Bei dieser Tabelle waren Mehrfachnennungen möglich.
Bei Einfachnennung (ohne die Antwortmöglichkeit „Ausweisung verfügt/ Abschiebung angedroht/ verfügt") beträgt das Signifikanzniveau Ausführung/ Ausgang: $p = 0{,}214$ (nicht signifikant); Beurlaubung: $p < 0{,}05$ (signifikant); 3 Zellen (50,0%) haben eine erwartete Häufigkeit kleiner als 5.

Es überrascht nicht, dass von den ausländischen Gefangenen, die ausgewiesen wurden, lediglich 9,5% (n.8) Ausführung/ Ausgang hatten und sich nur 14,3% (n.12) im Hafturlaub befanden. Bemerkenswert ist, dass 25% (n.3) der ausländischen Gefangenen, denen gegenüber keine Ausweisung verfügt wurde, Ausführung/ Ausgang hatten[109] und 50% (n.6) beurlaubt[110] wurden. Diese Anteile stimmen jeweils weitgehend mit den entsprechenden Anteilen der deutschen Gefangenen überein (Ausführung/ Ausgang 22% - Hafturlaub 58%). Hinsichtlich Ausführung/ Ausgang liegt der Anteil der ausländischen Gefangenen noch über dem parallelen Anteil der deutschen Gefangenen. Somit ist festzustellen, dass hauptsächlich die Ausweisung mit Nachteilen für ausländische Gefangenen verknüpft war, wohingegen die unklare ausländerrechtliche Situation die Gewährung von Vollzugslockerungen - anders als bei der Unterbringung des Gefangenen im oder gleich dem offenen Vollzug - nicht negativ beeinflusst haben dürfte. Hier zeigt sich, dass die Vollzugsbehörden ihre Handlungsfreiräume bei einem erst anhängigen Ausweisungsverfahren genutzt haben. Dieses Ergebnis darf jedoch aufgrund der sehr geringen Zahlen nicht überbewertet werden.

In den Fällen, in denen eine Ausweisung verfügt wurde, ist - vergleichbar den Daten zur Unterbringung der Gefangenen im/ gleich dem offenen Vollzug - ein Zusammenhang zwischen dem Zeitpunkt, zu dem die Vollzugsbe-

[109] Anmerkung: Es handelt sich nicht um diejenigen Gefangenen, bei denen explizit von einer Ausweisung abgesehen wurde (n.3).
[110] In einem Fall wurde explizit von der Ausweisung des Gefangenen abgesehen.

hörde Kenntnis von der Ausweisungsverfügung erlangt hat, und der Gewährung von Vollzugslockerungen und von Hafturlaub zu erkennen.

Tabelle 52: Relation zwischen der Gewährung von Vollzugslockerungen sowie von Hafturlaub und dem Zeitpunkt der Kenntniserlangung der JVA von der Ausweisungsverfügung

		bis zu 1/3	bis zu 2/3	bis Strafende	unklar	Gesamt
Ausführung/ Ausgang	nein	40	18	5	13	76
		52,6%	23,7%	6,6%	17,1%	100,0%
	ja	5	2	1		8
		62,5%	25,0%	12,5%		100,0%
Beurlaubung	nein	36	18	5	13	72
		50,0%	25,0%	6,9%	18,1%	100,0%
	ja	9	2	1		12
		75,0%	16,7%	8,3%		100,0%
Gesamt		45	20	6	13	84
		53,6%	23,8%	7,1%	15,5%	100,0%

Signifikanzniveau Ausführung/ Ausgang: nicht signifikant
Signifikanzniveau Beurlaubung: nicht signifikant

Bei 62,5% (n.5) der ausgewiesenen Gefangenen, denen Ausführung/ Ausgang und bei 75% (n.9) der Gefangenen, denen Urlaub gewährt wurde, erhielt die Vollzugsbehörde bis zum Ablauf von 1/3 der Gesamtverbüßungszeit Kenntnis von der Entscheidung der Ausländerbehörde, so dass die Annahme der positiven Auswirkung einer frühzeitigen Kenntniserlangung von der Ausweisungsverfügung auf die Vollzugsgestaltung bestätigt wird.

3.2. Auswirkung der Sozialisation auf die Gewährung von Vollzugslockerungen und von Hafturlaub

Bei den ausländischen Gefangenen war festzustellen, dass die Länge des Aufenthalts in Deutschland hinsichtlich der Gewährung von Vollzugslockerungen und von Hafturlaub von ausschlaggebender Bedeutung war. Es bestand ein signifikanter Zusammenhang zwischen der Beurlaubung und der Aufenthaltsdauer der Gefangenen in Deutschland.

Tabelle 53: Relation zwischen der Gewährung von Vollzugslockerungen sowie von Hafturlaub und der Aufenthaltsdauer der Gefangenen in Deutschland

		in Deutschland geboren und/ oder aufgewachsen	nicht in Deutschland aufgewachsen	kein ständigerer Aufenthalt in Deutschland	Gesamt
Ausführung/ Ausgang	nein	34	31	24	89
		38,2%	34,8%	27,0%	100,0%
	ja	7	3	1	11
		63,6%	27,3%	9,1%	100,0%
Gesamt		41	34	25	100
		41,0%	34,0%	25,0%	100,0%
Beurlaubung	nein	28	30	24	82
		34,1%	36,6%	29,3%	100,0%
	ja	13	4	1	18
		72,2%	22,2%	5,6%	100,0%
Gesamt		41	34	25	100
		41,0%	34,0%	25,0%	100,0%

Signifikanzniveau Ausführung/ Ausgang: nicht signifikant
Signifikanzniveau Beurlaubung: $p < 0,05$

63,6% (n.7) bzw. 72,2% (n.13) der ausländischen Gefangenen, denen Ausführung/ Ausgang bzw. Hafturlaub gewährt wurde, wurden in Deutschland geboren oder sind hier aufgewachsen.

Noch deutlicher wird die positive Auswirkung der Aufenthaltsdauer im Hinblick auf die ausgewiesenen ausländischen Gefangenen.

Tabelle 54: Relation zwischen der Gewährung von Vollzugslockerungen sowie von Hafturlaub und der Aufenthaltsdauer in Deutschland bei ausgewiesenen ausländischen Gefangenen

		in Deutschland geboren und/ oder aufgewachsen	nicht in Deutschland aufgewachsen	kein ständiger Aufenthalt in Deutschland	Gesamt
Ausführung/ Ausgang	nein	27	29	20	76
		35,5%	38,2%	26,3%	100,0%
	ja	6	1	1	8
		75,0%	12,5%	12,5%	100,0%
Beurlaubung	nein	23	29	20	72
		31,9%	40,3%	27,8%	100,0%
	ja	10	1	1	12
		83,3%	8,3%	8,3%	100,0%
Gesamt		33	30	21	84
		39,3%	35,7%	25,0%	100,0%

Signifikanzniveau Ausführung/ Ausgang: nicht signifikant
Signifikanzniveau Beurlaubung: $p < 0,05$; 3 Zellen (50,0%) haben eine erwartete Häufigkeit kleiner als 5.

Von den ausgewiesenen ausländischen Gefangenen, die Ausführung/ Ausgang bzw. Hafturlaub bekamen, wurden 75% (n.6) bzw. 83,3% (n.10) in Deutschland geboren oder sind hier aufgewachsen.[111] Bei den Gefangenen, die nicht ausgewiesen wurden, betragen die entsprechenden Anteile 33,3% (n.1) bzw. 50% (n.3).

Die Relation zwischen der Gewährung von Vollzugslockerungen sowie von Hafturlaub und der Aufenthaltsdauer der Gefangenen in Deutschland lässt sich ferner nach der Art des Aufenthalts darstellen:

Tabelle 55: Relation zwischen der Gewährung von Vollzugslockerungen sowie von Hafturlaub und der Art des Aufenthalts in Deutschland bei ausgewiesenen ausländischen Gefangenen

		fester Aufenthalt in Deutschland	Einreise zum Zwecke der Tatbegehung	Gesamt
Ausführung/ Ausgang	nein	56 73,7%	20 26,3%	76 100,0%
	ja	7 87,5%	1 12,5%	8 100,0%
Beurlaubung	nein	52 72,2%	20 27,8%	72 100,0%
	ja	11 91,7%	1 8,3%	12 100,0%
Gesamt		63 75,0%	21 25,0%	84 100,0%

Signifikanzniveau Ausführung/ Ausgang: nicht signifikant
Signifikanzniveau Urlaub: nicht signifikant

87,5% (n.7) der ausgewiesenen Gefangenen, denen Ausgang gewährt wurde, hatten vor der Inhaftierung ihren festen Aufenthalt in Deutschland; bei den Gefangenen, denen Hafturlaub bewilligt wurde, entspricht dieser Anteil 91,7% (n.11).

Am anschaulichsten ist die positive Auswirkung der Aufenthaltsdauer des Gefangenen in Deutschland auf die Gewährung von Vollzugslockerungen und von Hafturlaub anhand der nachstehenden Tabelle zu erkennen.

[111] Bei 37,5% (n.3) der entsprechenden Gefangenen, denen Ausführung bzw. Ausgang gewährt wurde und bei 58,3% (n.7) der Gefangenen, die aus der Haft beurlaubt wurden, hatte die Vollzugsbehörde bis zum Ablauf von 1/3 der Gesamtverbüßungszeit Kenntnis von der Ausweisungsverfügung (siehe Tabelle 2 im Anhang), so dass auch hier wieder die Annahme der positiven Wirkung einer frühzeitigen Kenntnis der ausländerbehördlichen Entscheidung bestätigt wird.

Tabelle 56: Relation zwischen der Aufenthaltsdauer in Deutschland und der Gewährung von Vollzugslockerungen sowie von Hafturlaub bei ausgewiesenen ausländischen Gefangenen

	Ausführung/ Ausgang		Beurlaubung		Gesamt
	nein	ja	nein	ja	
in Deutschland geboren und/ oder aufgewachsen	27	6	23	10	33
	81,8%	18,2%	69,7%	30,3%	100,0%
nicht in Deutschland aufgewachsen	29	1	29	1	30
	96,7%	3,3%	96,7%	3,3%	100,0%
kein ständiger Aufenthalt in Deutschland	20	1	20	1	21
	95,2%	4,8%	95,2%	4,8%	100,0%
Gesamt	76	8	72	12	84
	90,5%	9,5%	85,7%	14,3%	100,0%

Signifikanzniveau Ausführung/ Ausgang: nicht signifikant
Signifikanzniveau Beurlaubung: $p < 0,05$; 3 Zellen (50,0%) haben eine erwartete Häufigkeit kleiner als 5.

Von den ausgewiesenen ausländischen Gefangenen, die in Deutschland geboren wurden oder hier aufgewachsen sind, hatten 18,2% Ausführung bzw. Ausgang und 30,3% Urlaub aus der Haft. Gleichwohl ist eine erhebliche Benachteiligung der entsprechenden ausländischen gegenüber den deutschen Gefangenen zu erkennen, von denen 58% Hafturlaub bekamen.

3.3. Begründung der ablehnenden Entscheidung

Wie bei der Verlegung in den/ Gleichstellung mit dem offenen Vollzug stand auch hinsichtlich der Gewährung von Vollzugslockerungen und von Hafturlaub bei den ausländischen Gefangenen annähernd jede zweite Begründung in Zusammenhang mit der ausländerrechtlichen Situation.

Tabelle 57: Gewährung von Vollzugslockerungen und Hafturlaub - Begründung der ablehnenden Entscheidung

Ablehnungsgründe	Deutsche		Ausländer		Gesamt	
Keine Prüfung (kein Vollzugsplan) ersichtlich			*4*		*4*	
Erhebliche Drogenabhängigkeit/ Suchtproblematik	26	57,8%	8	9,4%	34	26,2%
Drogenkonsum während der Inhaftierung/ positive Urinprobe	13	28,9%	1	1,2%	14	10,8%
Entweichung (bzw. Versuch)	3	6,7%	1	1,2%	4	3,1%
Fluchtgefahr/ -verdacht	3	6,7%	5	5,9%	8	6,2%
Missbrauchsgefahr	5	11,1%	10	11,8%	15	11,5%
Persönlichkeit des Gefangenen/ Persönlichkeitsdefizite	9	20,0%	2	2,4%	11	8,5%
Massive Tatbegehung			2	2,4%	2	1,5%
Hoher Strafrest			6	7,1%	6	4,6%
Ermittlungs- oder Strafverfahren anhängig	3	6,7%	5	5,9%	8	6,2%
Bewährungsfrist, nach Rückverlegung in geschlossenen Vollzug	2	4,4%	1	1,2%	3	2,3%
Maßnahme nach § 64 StGB angeordnet	3	6,7%			3	2,3%
Sonstige Gründe	5	11,1%	8	9,5%	12	9,2%
Keine sozialen Kontakte/ Bindungen (in der BRD)	1	2,2%	11	12,9%	12	9,2%
Allgemein ausländerrechtliche Situation			8	9,4%	8	0,8%
Unklare ausländerrechtliche Situation			23	27,1%	23	17,7%
Ausländerrechtliche Maßnahmen zu erwarten/ angedroht			18	21,2%	18	13,8%
Ausweisungsverfahren anhängig			4	4,7%	4	3,1%
Ausweisung verfügt			13	15,3%	13	10,0%
Abschiebung angedroht			2	2,4%	2	1,5%
Abschiebung verfügt			10	11,8%	10	7,7%
Anzahl der ablehnenden Entscheidungen	45	100%	85	100%	130	100%
Summe der Gründe insgesamt	211		pro Ent.		1,6	
Summe der Gründe bei deutschen Gefangenen	73		pro Ent.		1,6	
Summe der Gründe bei ausländischen Gefangenen	138		pro Ent.		1,6	
Summe der Gründe, welche die ausländerrechtliche Situation	78		pro Ent. v. Ausl.		1,8	

Insgesamt führten die Vollzugsbehörden pro Entscheidung 1,6 Gründe gegen die Gewährung von Vollzugslockerungen oder von Hafturlaub an, wobei zwischen den Gefangenengruppen kein Unterschied bestand (jeweils 1,6). Auch die Gewährung von Vollzugslockerungen wurde häufig aufgrund von Drogenabhängigkeit bzw. Drogenmissbrauchs des Gefangenen abgelehnt, wobei diese Begründung bei den deutschen Gefangenen mit zusammengerechnet 86,7% bedeutend häufiger vorkam als bei den ausländischen Gefangenen (10,6%). 11,8% der ausländischen und 11,1% der deutschen Gefangenen erhielten aufgrund von vermuteter Missbrauchsgefahr keine Vollzugslockerungen. Bei 12,9% der ausländischen Gefangenen nannten die Vollzugsbehörden - möglicherweise unter Berücksichtigung der ausländerrechtlichen Situation - fehlende soziale Kontakte bzw. Bindungen. Eine deutlich vorherrschende Stellung nahm die ausländerrechtliche Situation ein. Diese wurde in 91,8%[112] der Entscheidungen miteinbezogen. Dabei dominierten - wie bei der Unterbringung im/ gleich dem offenen Vollzug - die unklare ausländerrechtliche Situation (27,1%) sowie zu erwartende bzw. angedrohte ausländerrechtliche Maßnahmen (21,2%). Die zuletzt genannten Begründungen erscheinen recht fragwürdig, da die Ermessensentscheidung der Vollzugsbehörde stets eine pflichtgemäße Abwägung der im Einzelfall für und gegen die Anordnung sprechenden Umstände erkennen lassen muss, wobei gerade formelhafte Wendungen - zu denen die genannten Darlegungen in ihrer Generalisierung sicherlich gehören - zur Begründung einer ablehnenden Entscheidung gewiss nicht genügen.[113] Zu bedenken ist insoweit, dass die Daten anhand einer Aktenanalyse erhoben wurden. Es ist somit nicht auszuschließen, dass trotz der in den Akten niedergeschriebenen generellen Bezugnahme auf die ausländerrechtliche Situation zuvor eine pflichtgemäße Abwägung aller entscheidungserheblichen Momente vorgenommen wurde.

4. Maßnahmen der Ausbildung und Weiterbildung

Arbeit und Bildung sind die zentralen Maßnahmen, welche die Resozialisierung des Gefangenen (§ 2 StVollzG) und die Angleichung des Strafvollzugs an die allgemeinen Lebensverhältnisse (§ 3 Abs.1 StVollzG) ermöglichen sollen.[114] Gemäß § 37 Abs.1 StVollzG dienen Arbeit und Bildung dabei insbesondere dem Ziel, die Chancen einer Erwerbstätigkeit des Gefangenen nach der Haftentlassung zu verbessern oder zumindest zu erhalten. Insoweit sind die Maßnahmen der Aus- und Weiterbildung[115] der normalen Ar-

---

[112] Eigene Berechnungen

[113] Vgl. OLG Koblenz ZfStrVo 1978 S.123; auch eine vom Ordnungsamt für die nahe Zukunft angekündigte Ausweisungsverfügung rechtfertigt für sich allein nicht die Versagung von Vollzugslockerungen, vgl. LG Hannover, NStZ 1981 S.367; für die Gewährung von Urlaub aus der Haft Callies/ Müller-Dietz § 13 Rn.15

[114] Kaiser/ Kerner/ Schöch, a.a.O. § 6 5.1, die entsprechenden Bildungsmaßnahmen sind somit auch zwingend in den Vollzugsplan aufzunehmen (§ 7 Abs.2 Nr.4, 5 StVollzG)

[115] Die gemeinsamen Oberbegriffe „Ausbildung und Weiterbildung" sind nicht klar definiert und auch nicht klar abgrenzbar. Angesichts der vollzugsrechtlichen Gleichbehandlung der wichtigsten Behandlungsmaßnahmen kann jedoch auf eine abschließende Zuordnung der in den § 37 Abs.3, §§ 38, 67 StVollzG genannten Typen verzichtet werden. Eine Bedeutung kommt indes der Unterscheidung zwischen beruflicher und allgemeiner (schulischer Bildung) zu, da die finanziellen Leistungen der Bundesanstalt für Arbeit

beitszuweisung gesetzlich gleichgestellt (§ 37 Abs.1, 3 StVollzG). Dies soll bei „bildungsgeeigneten“ Gefangenen[116], d.h. solchen Gefangenen, welche die erforderliche Begabung und Leistungsfähigkeit aufweisen[117], garantieren, dass die generelle Arbeitspflicht durch die Teilnahme an Maßnahmen der Aus- und Weiterbildung ersetzt wird, sofern die Zustimmung des Gefangenen vorliegt (§ 41 Abs.2 StVollzG).[118] Allerdings wird das Recht des Gefangenen zur Teilnahme an einer entsprechenden Maßnahme dadurch eingeschränkt, dass § 37 Abs.3 StVollzG der Vollzugsbehörde einen Ermessensspielraum bei der Bewerberauswahl im Falle einer Überzahl von Interessenten einräumt.[119]

Dem Gefangenen steht grundsätzlich unter den gleichen Voraussetzungen wie einem freien Bürger gemäß §§ 59 ff. SGB III (ehemals §§ 33 ff. AFG) ein Anspruch gegen das Arbeitsamt auf die finanzielle Förderung der berufsbildenden Maßnahme zu.[120] Bei ausländischen Gefangenen wird dieser Anspruch dadurch begrenzt, dass die Förderung einer berufsbildenden Maßnahme nach dem SGB III unter anderem voraussetzt, dass der entsprechende Gefangene entweder deutscher Staatsangehöriger ist oder als Ausländer die besonderen Voraussetzungen des § 63 Abs.1 Nr.2 ff. oder des Abs.2 SGB III der Sache nach erfüllt.[121]

Wegen der drohenden Ausweisung können ausländische Gefangene oftmals nicht einschätzen, ob ihnen entsprechende Bildungsmaßnahmen nach der Haftentlassung nützlich sein können. Insoweit ist auffällig, dass der Anteil der ausländischen Gefangenen, welche die Teilnahme an solchen Maßnahmen beantragten, zwar insgesamt nicht sehr hoch ist, dennoch aber dem parallelen Anteil der deutschen Gefangenen etwa entspricht.

---

nach dem SGB III nur für Maßnahmen der beruflichen Förderung gewährt werden, wozu die Berufsausbildung, berufliche Fortbildung, Umschulung und ggfs. berufliche Fernlehrgänge zu zählen sind. Siehe Kaiser/ Kerner/ Schöch, a.a.O. § 6 5.3. Vgl. zu den Einzelheiten des SGB III: Hardes, ZfStrVo 1998 S.147 ff.

116 Vgl. zu dem wohl zutreffenden Hinweis, dass es vom Resozialisierungsauftrag her sinnvoller wäre, umgekehrt Maßnahmen anzubieten, die sich für die Gefangenen eignen und auf deren Fähigkeiten und Neigungen abgestimmt sind: Böhm, Strafvollzug S.176; Schwind/ Böhm-Matzke § 37 Rn.17

117 Callies/ Müller-Dietz, a.a.O. § 37 Rn. 4

118 Kaiser/ Kerner/ Schöch, a.a.O. § 6 5.1; vgl. auch AK-StVollzG-Däubler/ Spaniol Rn.4 vor § 37

119 OLG Celle ZfStrVo SH 79 S.59; Callies/ Müller-Dietz, a.a.O. § 37 Rn.5; vgl. zu den rechtlichen Erfordernissen bei der Vergabe knapper Arbeits- und Ausbildungsplätze Däubler/ Spaniol, a.a.O. § 37 Rn.25, 26

120 Vgl. zu den allgemeinen Voraussetzungen zur Förderung der beruflichen Weiterbildung § 77 SGB III

121 Callies/ Müller-Dietz, a.a.O. § 37 Rn.5

Tabelle 58: Beantragte Teilnahme an Maßnahmen der Aus- und Weiterbildung

	Teilnahme an Maßnahmen der Aus- und Weiterbildung beantragt			Gesamt
	nein	ja	unklar	
Deutsche	74 74,0%	25 25,0%	1 1,0%	100 100,0%
Ausländer	73 73,0%	24 24,0%	3 3,0%	100 100,0%
Gesamt	147 73,5%	49 24,5%	4 2,0%	200 100,0%

Signifikanzniveau: nicht signifikant

24% der ausländischen sowie 25% der deutschen Gefangenen beantragten im Verlauf der Haft die Teilnahme an Maßnahmen der Aus- und Weiterbildung. Insofern war die generelle Motivation der ausländischen Gefangenen, an Bildungsmaßnahmen teilzunehmen, nicht geringer als die der deutschen Mitinhaftierten. In die Berechnung miteinbezogen wurde ein Deutschkurs für Ausländer, da deutsche Sprachkenntnisse für weitergehende Bildungsmaßnahmen vorausgesetzt werden.

Anders stellt sich das Verhältnis zwischen den Gefangenengruppen hinsichtlich der tatsächlichen Teilnahme an Maßnahmen der Aus- und Weiterbildung dar:

Tabelle 59: Teilnahme an Maßnahmen der Aus- und Weiterbildung

	keine	Deutsch für Ausländer	schulischer Liftkurs	Ausbildungslehrgang	Gesamt
Deutsche	77 77,0%		14 14,0%	22 22,0%	100 100,0%
Ausländer	81 81,0%	8 8,0%	8 8,0%	8 8,0%	100 100,0%
Gesamt	158 79,0%	8 4,0%	22 11,0%	30 30,0%	200 100,0%

Anmerkung: Bei dieser Tabelle waren Mehrfachnennungen möglich.
Bei Einfachnennung („schulischer Liftkurs" und „Ausbildungslehrgang" zusammengefasst) beträgt das Signifikanzniveau $p < 0,05$ (signifikant); 2 Zellen (33,3%) haben eine erwartete Häufigkeit kleiner als 5.

Der Anteil der ausländischen Gefangenen, die während ihrer Inhaftierung einen Ausbildungslehrgang besuchten, liegt mit 8% deutlich unter dem entsprechenden Anteil der deutschen Gefangenen von 22%. Auch an einem schulischen Liftkurs nahmen weniger ausländische (8%) als deutsche Gefangene (14%) teil. Einen Deutschkurs für Ausländer belegten mit 8% auch nur relativ wenig ausländische Gefangene. Zu berücksichtigen ist freilich, dass ein Deutschkurs für Ausländer oft nicht direkt angeboten, sondern von einer entsprechenden Nachfrage seitens der ausländischen Gefangenen abhängig gemacht wurde[122], so dass es auf die Motivationsarbeit der JVA und das Interesse der Ausländer ankam.

4.1. Auswirkung der ausländerrechtlichen Situation auf die Teilnahme an Maßnahmen der Aus- und Weiterbildung

Obwohl die Teilnahme an beruflichen Bildungsmaßnahmen aufgrund der Vorgaben des SGB III[123] davon abhängt, ob der ausländische Gefangene nach seiner Haftentlassung im Bundesgebiet verbleibt, wurde ein hoher Anteil der ausländischen Gefangenen, die entsprechende Schulungen besuchten, bereits im Verlauf der Haft ausgewiesen.

Tabelle 60: Relation zwischen der Teilnahme an Maßnahmen der Aus- und Weiterbildung und der Entscheidung über die Ausweisung des Gefangenen

	keine Ausweisungs-entscheidung ergangen	explizit keine Ausweisung	Ausweisung verfügt	Ausweisung verfügt/ Abschiebung angedroht	unklar	Gesamt
keine Teilnahme	7 8,6%	2 2,5%	68 84,0%	57 70,4%	4 4,9%	81 100,0%
Deutsch für Ausländer			8 100,0%	8 100,0%		8 100,0%
schulischer Liftkurs	2 25,0%	1 12,5%	5 62,5%	5 62,5%		8 100,0%
Ausbildungs-lehrgang	1 12,5%	1 12,5%	6 75,0%	6 75,0%		8 100,0%
Gesamt	9 9,0%	3 3,0%	84 84,0%	73 73,0%	4 4,0%	100 100,0%

Bei Einfachnennung („schulischer Liftkurs" und „Ausbildungslehrgang" zusammengefasst, ohne die Antwortmöglichkeit „Ausweisung verfügt/ Abschiebung angedroht/ verfügt") beträgt das Signifikanzniveau p = 0,571 (nicht signifikant).

Gegenüber 62,5% (n.5) der Gefangenen, die einen schulischen Liftkurs belegten und 75% (n.6) der Gefangenen, die an einem Ausbildungslehrgang teilnahmen, wurde eine Ausweisung verfügt. Hervorzuheben ist, dass die Vollzugsbehörde bei 80% (n.4) bzw. 83,3% (n.5) der entsprechenden Gefangenen bereits bis zum Ablauf von 1/3 der Gesamtverbüßungszeit von der

[122] Ein Deutschkurs für Ausländer wurde in den Anstalten Aachen und Remscheid angeboten; ein schulischer
Liftkurs sowie ein Ausbildungslehrgang wurden in erster Linie in der JVA Geldern angeboten, welche über ein eigenes Berufsbildungszentrum mit insgesamt 224 Plätzen verfügt. Siehe zu den Daten im einzelnen Tabelle 3 im Anhang.

[123] Nach § 63 Abs.2 Nr. 2 SGB III erfolgt eine Finanzierung der berufsbildenden Maßnahme durch das Arbeitsamt nur dann, wenn sichergestellt ist, dass die ausländischen Gefangenen nach ihrer Entlassung dem deutschen Arbeitsmarkt zu Verfügung stehen.

Ausweisungsverfügung wusste.[124] Somit kann nicht zwingend davon ausgegangen werden, dass die entsprechenden Bildungsmaßnahmen zu einem Zeitpunkt begonnen wurden, zu dem die Vollzugsbehörde noch keine Kenntnis über den weiteren Verbleib des Gefangenen nach der Haftentlassung hatte.

Dessen ungeachtet ist eine negative Auswirkung der ausländerrechtlichen Rahmenbedingungen auf die Teilnahme ausländischer Gefangener an Maßnahmen der Aus- und Weiterbildung festzustellen. Die Daten dürfen jedoch aufgrund der geringen Zahlen nicht überbewertet werden.

Tabelle 61: Relation zwischen der Entscheidung über die Ausweisung des Gefangenen und der Teilnahme an Maßnahmen der Aus- und Weiterbildung

	keine Teilnahme	Deutsch für Ausländer	schulischer Liftkurs	Ausbildungs-lehrgang	Gesamt
keine Ausweisung verfügt	9		3	2	14
	64,3%		21,4%	14,3%	100,0%
Ausweisung verfügt	68	8	5	6	84
	81,0%	9,5%	6,0%	7,1%	100,0%
unklar	4				4
	100,0%				100,0%
Gesamt	81	8	8	8	100
	81,0%	8,0%	8,0%	8,0%	100,0%

Bei Einfachnennung („schulischer Liftkurs" und „Ausbildungslehrgang" zusammengefasst) beträgt das Signifikanzniveau p = 0,343 (nicht signifikant).

Von den ausländischen Gefangenen, die im Verlauf der Haft aus dem Bundesgebiet ausgewiesen wurden, nahmen lediglich 6% (n.5) an einem schulischen Liftkurs und 7,1% (n.6) an einem Ausbildungslehrgang teil, wohingegen von den ausländischen Gefangenen, die nicht ausgewiesen wurden, 21,4% (n.3) einen schulischen Liftkurs belegten. Dieser Anteil liegt erkennbar über dem entsprechenden Anteil der deutschen Gefangenen von 14%. Auch hinsichtlich der Teilnahme an einem Ausbildungslehrgang nähert sich der Anteil der ausländischen Gefangenen mit 14,3% (n.2) dem entsprechenden Anteil der deutschen Gefangenen von 22%.

Da auch ausgewiesene ausländische Gefangene gefördert wurden, fragt sich, welche anderen Momente zu dem geringeren Ausländeranteil geführt haben könnten. Auch hier wäre es zweckmäßig, anhand einer Varianzanalyse eine Gewichtung zwischen einzelnen Faktoren vorzunehmen, welche sich auf die Teilnahme an Aus- und Weiterbildungsmaßnahmen ausgewirkt haben könnten. Aufgrund der geringen Zahlen ist ein solches Verfahren jedoch nicht anwendbar. Aus diesem Grund wird der Einfluss einzelner Fakto-

[124] Siehe Tabelle 4 im Anhang

ren auf die Partizipationschancen an Bildungsmaßnahmen jeweils gesondert untersucht.

4.2. Auswirkung der Sozialisation auf die Teilnahme an Maßnahmen der Aus- und Weiterbildung

Wie bei der Unterbringung der Gefangenen im/ gleich dem offenen Vollzug sowie der Gewährung von Vollzugslockerungen und Hafturlaub, war auch im Rahmen der Teilnahme an Maßnahmen der Aus- und Weiterbildung festzustellen, dass die Aufenthaltsdauer des Gefangenen in Deutschland von entscheidender Bedeutung war.

Tabelle 62: Relation zwischen der Teilnahme an Maßnahmen der Aus- und Weiterbildung und der Aufenthaltsdauer der Gefangenen in Deutschland

	fester Aufenthalt in Deutschland	Einreise zum Zwecke der Tatbegehung	Gesamt
keine Teilnahme	58 71,6%	23 28,4%	81 100,0%
Deutsch für Ausländer	6 75,0%	2 25,0%	8 100,0%
schulischer Liftkurs	8 100,0%		8 100,0%
Ausbildungslehrgang	8 100,0%		8 100,0%
Gesamt	75 75,0%	25 25,0%	100 100,0%

Bei Einfachnennung („schulischer Liftkurs" und „Ausbildungslehrgang" zusammengefasst) beträgt das Signifikanzniveau p = 0,125 (nicht signifikant).

Jeweils sämtliche ausländische Gefangene, die einen schulischen Liftkurs bzw. einen Ausbildungslehrgang belegten, hatten vor der Inhaftierung ihren festen Aufenthalt in Deutschland. Auch von den Teilnehmern an einem Deutschkurs für Ausländer waren dies noch 75%. Der beachtliche Anteil an ausländischen Gefangenen, die vor der Inhaftierung zwar ihren festen Aufenthalt in Deutschland hatten, dennoch aber einen Deutschkurs für Ausländer belegten, ist damit zu erklären, dass diese Gefangenen erst im Erwachsenenalter nach Deutschland eingereist waren[125] und somit vermutlich größere sprachliche Defizite aufwiesen.

Dementsprechend wird auch der auffällig hohe Anteil der an Fortbildungsmaßnahmen partizipierenden ausländischen Gefangenen, die sich vor ihrer Inhaftierung dauerhaft in Deutschland aufgehalten hatten, damit zusammenhängen, dass für die Teilnahme an einer schulischen oder berufli-

[125] Siehe Tabelle 5 im Anhang

chen Aus- bzw. Weiterbildungsmaßnahme gewisse Kenntnisse der deutschen Sprache notwendig sind, die ein ausländischer Gefangener ohne vorherigen längeren Aufenthalt in Deutschland in der Regel nicht haben wird. Aufschlussreich ist insoweit, dass 100% (n.8) der Teilnehmer an einem schulischen Liftkurs und 87,5% (n.7) der Teilnehmer an einem Ausbildungslehrgang, bereits in Deutschland geboren wurden oder aufgewachsen sind.[126]

Der vermutete Zusammenhang zwischen der Teilnahme an Maßnahmen der Aus- und Weiterbildung und den Sprachkenntnissen der Gefangenen wird bestätigt:

Tabelle 63: Relation zwischen der Teilnahme an Maßnahmen der Aus- und Weiterbildung und den Sprachkenntnissen der Gefangenen

	keine oder völlig unzureichende Sprach-kenntnisse	mittelmäßige Sprach-kenntnisse	eher gute bis sehr gute Sprach-kenntnisse	Gesamt
keine Teilnahme	32 39,5%	18 22,2%	31 38,3%	81 100,0%
Deutsch für Ausländer	4 50,0%	2 25,0%	2 25,0%	8 100,0%
schulischer Liftkurs			8 100,0%	8 100,0%
Ausbildungslehrgang	1 12,5%	2 25,0%	5 62,5%	8 100,0%
Gesamt	37 37,0%	22 22,0%	41 41,0%	100 100,0%

Bei Einfachnennung („schulischer Liftkurs" und „Ausbildungslehrgang" zusammengefasst) beträgt das Signifikanzniveau p = 0,180 (nicht signifikant).

Von den ausländischen Gefangenen, die an einem schulischen Liftkurs bzw. an einem Ausbildungslehrgang teilnahmen, verfügten 100% (n.8) bzw. 62,5% (n.5) über gute bis sehr gute Sprachkenntnisse.

Insbesondere bei denjenigen ausländischen Gefangenen, die bereits in Deutschland geboren wurden oder aufgewachsen sind und die somit vor der Inhaftierung ihren Lebensmittelpunkt in Deutschland hatten, ist es nötig, dass während des Vollzugs berufliche Ausbildungsmaßnahmen durchgeführt werden. Da diese Gefangenen in der Regel die Abschiebung in ein ihnen weitgehend fremdes Land zu erwarten haben, sollte ihnen durch die Durchführung beruflicher Bildungsmaßnahmen ermöglicht werden, dass sie sich in der Fremde einfacher eine Existenz aufbauen können.

[126] Siehe Tabelle 5 im Anhang

Entsprechende berufliche Bildungsmaßnamen wurden allerdings bei einem nur geringen Anteil der in Deutschland geborenen oder aufgewachsenen ausländischen Gefangenen im Verlauf der Haft durchgeführt.

Tabelle 64: Relation zwischen der Aufenthaltsdauer der Gefangenen in Deutschland und der Teilnahme an Maßnahmen der Aus- und Weiterbildung

	keine Teilnahme	Deutsch für Ausländer	schulischer Liftkurs	Ausbildungs-lehrgang	Gesamt
in Deutschland geboren und/ oder aufgewachsen	31 75,6%		8 19,5%	7 17,1%	41 100,0%
nicht in Deutschland aufgewachsen	27 79,4%	6 17,6%		1 2,9%	34 100,0%
kein ständiger Aufenthalt in Deutschland	23 92,0%	2 8,0%			25 100,0%
Gesamt	81 81,0%	8 8,0%	8 8,0%	8 8,0%	100 100,0%

Bei Einfachnennung („schulischer Liftkurs" und „Ausbildungslehrgang" zusammengefasst) beträgt das Signifikanzniveau p < 0,05 (signifikant); 6 Zellen (66,7%) haben eine erwartete Häufigkeit kleiner als 5.

Lediglich 17,1% (n.7) der ausländischen Gefangenen, die in Deutschland geboren wurden oder aufgewachsen sind, nahmen während ihrer Inhaftierung an einer beruflichen Ausbildungsmaßnahme teil.

Dieser geringe Anteil ist an dem insgesamt sehr niedrigen beruflichen Bildungsstandard der entsprechenden ausländischen Gefangenen zu messen:

Tabelle 65: Berufliche Bildung der ausländischen Gefangenen

	keine Berufsausbildung/ abgebrochene Lehre	Anlernberuf/ Lehrabschluss	Meister-Techniker-prüfung	(Fach-) Hoch-schul-abschluss	Gesamt
in Deutschland geboren und/ oder aufgewachsen	29 70,7%	11 26,8%	1 2,4%		41 100,0%
nicht in Deutschland aufgewachsen	15 44,1%	17 50,0%	1 2,9%	1 2,9%	34 100,0%
kein ständiger Aufenthalt in Deutschland	14 56,0%	10 40,0%	1 4,0%		25 100,0%
Gesamt	58 58,0%	38 38,0%	3 3,0%	1 1,0%	100 100,0%

Bei Einfachnennung („schulischer Liftkurs" und „Ausbildungslehrgang" zusammengefasst) beträgt das Signifikanzniveau p = 0,319 (nicht signifikant).

70,7% (n.29) der ausländischen Gefangenen, die in Deutschland geboren wurden oder aufgewachsen sind, hatten vor ihrer Inhaftierung keine berufliche Ausbildung. Von diesen 29 Gefangenen nahmen nur 13,8% (n.4) an einem Ausbildungslehrgang teil.[127]

4.3. Schulische und berufliche Ausbildung der teilnehmenden Gefangenen

Im Rahmen der Teilnahme an Maßnahmen der Aus- und Weiterbildung wiesen die ausländischen Gefangenen eine höhere Schulbildung auf als die deutschen Gefangenen. Insoweit lässt sich vermuten, dass ihre Teilnahme an Bildungsmaßnahmen bereits eine gewisse „Vorbildung" voraussetzt, was eine zusätzliche Benachteiligung der ausländischen Gefangenen darstellt. Hinsichtlich der Aussagekraft dieser Daten ist allerdings auf die geringen Zahlen hinzuweisen.

Tabelle 66: Relation zwischen der Teilnahme an Maßnahmen der Aus- und Weiterbildung und der schulischen Ausbildung der Gefangenen

		kein Schulabschluss	Sonderschulabschluss Volksschulabschluss Hauptschulabschluss	Realschulabschluss Handelsschulabschluss Fachhochschulreife Hochschulreife	sonstiger Abschluss	Gesamt
Deutsche	keine Teilnahme	19 24,7%	49 63,6%	6 7,8%	3 3,9%	77 100,0%
	Deutsch für Ausländer					
	schulischer Liftkurs	3 21,4%	11 78,6%			14 100,0%
	Ausbildungs-lehrgang	4 18,2%	17 77,3%		1 4,5%	22 100,0%
	Gesamt	23 23,0%	67 67,0%	6 6,0%	4 4,0%	100 100,0%
Ausländer	keine Teilnahme	29 35,8%	24 29,6%	8 9,9%	20 24,7%	81 100,0%
	Deutsch für Ausländer	3 37,5%	2 25,0%	2 25,0%	1 12,5%	8 100,0%
	schulischer Liftkurs	1 12,5%	6 75,0%	1 12,5%		8 100,0%
	Ausbildungs-lehrgang	1 12,5%	4 50,0%	2 25,0%	1 12,5%	8 100,0%
	Gesamt	33 33,0%	33 33,0%	12 12,0%	22 22,0%	100 100,0%

Bei Einfachnennung („schulischer Liftkurs" und „Ausbildungslehrgang" zusammengefasst) beträgt das Signifikanzniveau Deutsche: p = 0,428 (nicht signifikant); Ausländer: p = 0,178 (nicht signifikant).

Von den Gefangenen, die einen Ausbildungslehrgang belegten, verfügten 77,3% (n.17) der deutschen gegenüber 50% (n.4) der ausländischen Gefangenen über einen Sonder- Volksschul- oder Hauptschulabschluss. 25% (n.2) der entsprechenden ausländischen Gefangenen hatten einen Real- oder Handelsschulabschluss bzw. die (Fach-) Hochschulreife.

[127] Siehe Tabelle 6 im Anhang

Ähnlich verhält es sich im Hinblick auf die berufliche Ausbildung der Gefangenen. Hier ist die Situation der ausländischen Gefangenen im Rahmen der Teilnahme an Fortbildungsmaßnahmen - anders als im generellen Vergleich - insgesamt besser als die der deutschen Gefangenen.

Tabelle 67: Relation zwischen der Teilnahme an Maßnahmen der Aus- und Weiterbildung und der beruflichen Ausbildung der Gefangenen

		keine Berufsausbildung abgebrochene Lehre	Anlernberuf Lehrabschluss	Meister- Techniker-prüfung	Hochschul-abschluss	Gesamt
Deutsche	keine Teilnahme	41 53,2%	34 44,2%		2 2,6%	77 100,0%
	Deutsch für Ausländer					
	schulischer Liftkurs	11 78,6%	3 21,4%			14 100,0%
	Ausbildungs-lehrgang	14 63,6%	8 36,4%			22 100,0%
	Gesamt	56 56,0%	42 42,0%		2 2,0%	100 100,0%
Ausländer	keine Teilnahme	47 58,0%	30 37,0%	3 3,7%	1 1,2%	81 100,0%
	Deutsch für Ausländer	5 62,5%	3 37,5%			8 100,0%
	schulischer Liftkurs	5 62,5%	3 37,5%			8 100,0%
	Ausbildungs-lehrgang	4 50,0%	4 50,0%			8 100,0%
	Gesamt	58 58,0%	38 38,0%	3 3,0%	1 1,0%	100 100,0%

Bei Einfachnennung („schulischer Liftkurs" und „Ausbildungslehrgang" zusammengefasst) beträgt das Signifikanzniveau Deutsche: p = 0,491 (nicht signifikant); Ausländer: p = 0,978 (nicht signifikant).

Einen Anlernberuf bzw. Lehrabschluss hatten 37,5% (n.3) der ausländischen Teilnehmer an einem schulischen Liftkurs und 50% (n.4) der ausländischen Gefangenen, die einen Ausbildungslehrgang belegten, gegenüber 21,4% (n.3) bzw. 36,4% (n.8) der deutschen Gefangenen.

4.4. Gründe gegen die Teilnahme an Maßnahmen der Aus- und Weiterbildung

Auch die Teilnahme der Gefangenen an Maßnahmen der Aus- und Weiterbildung wurde häufig aufgrund der ausländerrechtlichen Situation abgelehnt.

Tabelle 68: Gründe gegen die Teilnahme an Maßnahmen der Aus- und Weiterbildung

	Deutsche		Ausländer		Gesamt	
Maßnahme nicht erforderlich	7	15,9%	4	10,3%	11	13,3%
Haftdauer zu kurz	3	6,8%	1	2,6%	4	4,8%
Alter des Gefangenen	2	4,5%	1	2,6%	3	3,6%
Keine freien Plätze verfügbar			3	7,7%	3	3,6%
Anmeldefrist abgelaufen	1	2,3%			1	1,2%
Lehrgang würde 2/3-Zeitpunkt überdauern	1	2,3%			1	1,2%
Gefangene verzichtet/ Widerruf	8	18,2%	1	2,6%	9	10,8%
Sprachprobleme			3	7,7%	3	3,6%
Teilnahme erst nach Eignung für den offenen Vollzug möglich			1	2,6%	1	1,2%
Beantragter Kurs existiert nicht			1	2,6%	1	1,2%
Kein Interesse (lt. Einweisungsentschließung)	18	40,9%	11	28,2%	29	34,9%
Teilnahme aus medizinischen Gründen nicht möglich	2	4,5%			2	2,4%
Gefangene aus sonstigen Gründen ungeeignet			1	2,6%	1	1,2%
Maßnahme lt. V-Plan nicht vorgesehen	2	4,5%	5	12,8%	7	8,4%
Negatives Vollzugsverhalten	1	2,3%			1	1,2%
Förderung durch das Arbeitsamt ausgeschlossen			1	2,6%	1	1,2%
Unklare ausländerrechtliche Situation			6	15,4%	6	7,2%
Abschiebung verfügt			2	5,1%	2	2,4%
Anzahl der ablehnenden Entscheidungen	44	100%	39	100%	83	100%
Summe der Gründe insgesamt	86		pro Ent.		1,0	
Summe der Gründe bei deutschen Gefangenen	45		pro Ent.		1,0	
Summe der Gründe bei ausländischen Gefangenen	41		pro Ent.		1,0	
Summe der Gründe, welche die ausländerrechtliche Situation betreffen	8		pro Ent. v. Ausl..		5,1	

Jede fünfte Begründung (5,1) stand in direktem Zusammenhang mit der ausländerrechtlichen Situation. Bei 15,4% der ausländischen Gefangenen wurde die unklare ausländerrechtliche Situation, bei weiteren 5,1% die verfügte Abschiebung angeführt. Hervorzuheben ist, dass lediglich 28,2% der ausländischen gegenüber 40,9% der deutschen Gefangenen entsprechend der Einweisungsentschließung explizit kein Interesse an Maßnahmen der Aus- und Weiterbildung bekundet hatten. Obwohl die ausländischen Gefangenen der Teilnahme an Bildungsmaßnahmen somit grundsätzlich zugeneigter waren, hatten sie dennoch gegenüber ihren deutschen Mitinhaftierten die geringeren Partizipationschancen.

IV. Die Entlassung aus der Haft

Um zu erkunden, in welchem Ausmaß die Haftanstalten durch ausländische Gefangene ausgelastet wurden, sollen die folgenden Daten Auskunft darüber geben, nach welchem Anteil der Gesamtverbüßungszeit und unter Anwendung welcher Vorschrift die Gefangenen aus der Haft entlassen wurden. Insoweit soll zum einen vergleichend dargestellt werden, wie häufig die Restfreiheitsstrafe jeweils gemäß § 57 Abs.1 StGB zur Bewährung ausgesetzt wurde.[128] Zum anderen interessiert bei den ausländischen Gefangenen die Anwendungspraxis des § 456a Abs.1StPO.

1. Allgemeiner Überblick

Anhand eines allgemeinen Überblicks ist zu erkennen, dass - ungeachtet des konkreten Zeitpunktes der Entlassung - insgesamt annähernd doppelt so viele ausländische Gefangene vor dem Ende der Strafzeit entlassen wurden wie deutsche. Aus Gründen der Übersichtlichkeit wurde die Abschiebung des Gefangenen nach einer erfolgten Maßnahme gemäß § 456a StPO miteinbezogen, obwohl ein solches Vorgehen bei deutschen Gefangenen naturgemäß nicht in Betracht kommt.

Tabelle 69: Vorzeitige Entlassung der Gefangenen (nach Art der Haftentlassung)

	Strafrestaussetzung zur Bewährung gemäß § 57 I,II StGB	Abschiebung nach Maßnahme gemäß § 456a StPO	Gesamt
Deutsche	43 43,0%		100 100,0%
Ausländer	16 16,0%	69 69,0%	100 100,0%
Gesamt	57 28,5%	69 34,5%	200 100,0%

Zusammengerechnet 85% der ausländischen gegenüber 43% der deutschen Gefangenen wurden vor dem Strafende aus der Haft entlassen. Hierbei ist zu berücksichtigen, dass die vorzeitige Entlassung bei 69% der ausländischen Gefangenen im Rahmen einer Maßnahme nach § 456a StPO erfolgte und somit zwingend die Abschiebung des Gefangenen aus Deutschland zur Folge hatte. Aus diesem Grund wäre es verfehlt, generell von einer „Besserstellung" der ausländischen gegenüber den deutschen

[128] Auf eine Strafrestaussetzung zur Bewährung gemäß § 57 Abs.2 StGB wird nicht näher eingegangen, da diese in nur einem Fall erfolgte. Eine Strafrestaussetzung gemäß § 57a StGB kam vorliegend nicht in Betracht, da die zu lebenslanger Freiheitsstrafe verurteilten Gefangenen (insgesamt 3%) keine fünfzehn Jahre der Freiheitsstrafe verbüßt hatten.

Gefangenen zu sprechen[129], da insbesondere bei denjenigen ausländischen Gefangenen, die vor der Inhaftierung ihren ständigen Aufenthalt in Deutschland hatten, davon auszugehen ist, dass diese zwar ein Absehen von der weiteren Vollstreckung, wohl aber nicht die daraus resultierende Abschiebung als vorteilhaft empfunden haben werden.[130]

Ein auf den ersten Anschein ebenso positiv anmutendes Bild im Hinblick auf die ausländischen Gefangenen lassen die Daten zum Zeitpunkt der Haftentlassung erkennen.

Tabelle 70: Zeitpunkt der Entlassung der Gefangenen

	bis zu 1/2	bis zu 2/3	bis Strafende	keine vorzeitige Entlassung/ unklar	Gesamt
Deutsche	1 1,0%	32 32,0%	10 10,0%	57 57,0%	100 100,0%
Ausländer	33 33,0%	36 36,0%	13 13,0%	18 18,0%	100 100,0%
Gesamt	34 17,0%	68 34,0%	23 11,5%	75 37,5%	200 100,0%

33% der ausländischen Gefangenen (sämtlich infolge einer Maßnahme nach § 456a StPO) gegenüber 1% der deutschen Gefangenen wurden bis zum Ablauf der Hälfte der Gesamtverbüßungszeit vorzeitig aus der Haft entlassen. Dementsprechend liegt auch der kumulative Anteil der ausländischen Gefangenen, die bis zum Ablauf von 2/3 der Gesamtverbüßungszeit aus der Haft entlassen wurden, mit zusammengerechnet 69% wesentlich über dem entsprechenden Anteil der deutschen Gefangenen von 33%.

2. Strafrestaussetzung zur Bewährung gemäß § 57 Abs.1 StGB

Mit der Aussetzung des Strafrestes zur Bewährung gemäß § 57 Abs.1 StGB soll dem Gefangenen - unterstützt von flankierenden Hilfsmaßnahmen, aber auch unter dem Druck der Vollstreckung der ausgesetzten Reststrafe - dazu verholfen werden, künftig in Freiheit straffrei zu leben.[131] Aus diesem Grund setzt die Strafvollsteckungskammer bei Einwilligung des Gefangenen (§ 57 Abs.1 S.1 Nr.3 StGB) den Strafrest zur Bewährung aus, wenn zuvor eine

[129] Vgl. zu der Annahme, dass es unter Berücksichtigung des Einzelfalles nicht generell zutrifft, dass § 456a StPO den Gefangenen bevorzugt, nicht aber benachteiligt: Giehring, a.a.O. S.495 ff.

[130] Die Daten zur Sozialisation der entsprechenden Gefangenen werden im weiteren Verlauf der Abhandlung dargestellt.

[131] SK-Horn § 57 Rn.2

Entlassungsprognose erstellt wurde, die zu dem Ergebnis geführt hat, dass die Aussetzung des Strafrestes „unter Berücksichtigung des Sicherheitsinteresses der Allgemeinheit verantwortet werden kann“ (vgl. § 57 Abs.1 S.1 Nr.2 StGB). Als Prüfungsgesichtspunkte für die Entscheidungsfindung sind ausdrücklich die Persönlichkeit des Verurteilten, sein Vorleben, die Umstände seiner Tat, sein Verhalten im Vollzug, seine Lebensverhältnisse und die potentiellen Auswirkungen der Aussetzung für die Zukunft vorgegeben (vgl. § 57 Abs.1 S.2 StGB).

Der Anteil der Gefangenen, bei denen der Strafrest gemäß § 57 Abs.1 StGB zur Bewährung ausgesetzt wurde, lässt sich in zweifacher Hinsicht darstellen. Zum einen kann von den Gefangenengruppen in ihrer Gesamtheit ausgegangen werden, zum anderen kann als Ausgangsmenge jeweils nur der Anteil der Gefangenen zugrunde gelegt werden, bei denen die Strafvollstreckungskammern überhaupt eine Entscheidung über die Strafrestaussetzung zur Bewährung getroffen haben. Insoweit ist auffällig, das dies nur bei knapp der Hälfte der ausländischen Gefangenen geschehen ist.

Tabelle 71: Entscheidung nach § 57 I StGB

	ja	nein, wegen fehlender Zustimmung des Gefangenen	nein, wegen Maßnahme nach §456a StPO vor dem 2/3-Zeitpunkt	nein, wegen Überstellung vor dem 2/3-Zeitpunkt	(nein, lebenslange Freiheitsstrafe)	Gesamt
Deutsche	86 86,0%	13 13,0%			1 1,0%	100 100,0%
Ausländer	47 47,0%	3 3,0%	45 45,0%	3 3,0%	2 2,0%	100 100,0%
Gesamt	133 66,5%	16 8,0%	45 22,5%	3 1,5%	3 1,5%	200 100,0%

Signifikanzniveau: $p < 0,05$
4 Zellen (40,0%) haben eine erwartete Häufigkeit kleiner als 5.

Bei 47% der ausländischen und 86% der deutschen Gefangenen wurde über die Aussetzung des Strafrestes entschieden. Bei 45% der ausländischen Gefangenen war eine Entscheidung nicht mehr möglich, da die Gefangenen bereits vor Ablauf von 2/3 der Gesamtverbüßungszeit im Rahmen einer Maßnahme nach § 456a StPO aus der Haft heraus abgeschoben wurden.[132] Ein Teil der ausländischen Gefangenen wurde somit bereits über § 456a StPO „abgefangen“.

[132] Da der Strafrest in der Regel nicht vor Ablauf von 2/3 der Gesamtverbüßungszeit zur Bewährung ausgesetzt wird (vgl. Walter, M., Strafvollzug Rn.453), kann eine theoretisch denkbare Entscheidung der Vollstreckungskammern vor diesem Zeitpunkt unberücksichtigt bleiben.

Der Vergleich der türkischen mit den sonstigen ausländischen Gefangenen lässt kaum nennenswerte Unterschiede erkennen. Bei 45,8% der türkischen und 48,1% der sonstigen ausländischen Gefangenen wurde eine Entscheidung nach § 57 Abs.1 StGB getroffen. Bei 47,9% der türkischen und 42,3% der sonstigen ausländischen Gefangenen entfiel die Entscheidung, da die Gefangenen vor Ablauf von 2/3 der Gesamtverbüßungszeit im Rahmen einer Maßnahme nach § 456a StPO aus der Haft heraus abgeschoben wurden.

2.1. Positive Entscheidung über die Aussetzung des Strafrestes zur Bewährung

Im Hinblick auf eine positive Entscheidung über die Strafrestaussetzung zur Bewährung ist eine erkennbare Benachteiligung der ausländischen gegenüber den deutschen Gefangenen festzustellen. Dass auch diese Schlechterstellung aus der ausländerrechtlichen Situation resultiert, ergibt sich unter anderem aus den - noch näher darzustellenden - Begründungen, welche von den Strafvollstreckungskammern in den Ablehnungsentscheidungen angeführt wurden. Daneben sollten der vorzeitigen Entlassung des Gefangenen im allgemeinen regelmäßige Vollzugslockerungen vorausgehen, von denen die ausländischen Gefangenen vielfach aufgrund der ausländerrechtlichen Situation ausgeschlossen wurden.[133]

Tabelle 72: Aussetzung des Strafrestes zur Bewährung gemäß § 57 I StGB (Tabelle a)

	Aussetzung (-)	Aussetzung (+)	Gesamt
Deutsche	43 50,0%	43 50,0%	86 100,0%
Ausländer	31 66,0%	16 34,0%	47 100,0%
Gesamt	74 55,6%	59 44,4%	133 100,0%

Signifikanzniveau: nicht signifikant

Bei 34% der ausländischen gegenüber 50% der deutschen Gefangenen wurde der Strafrest gemäß § 57 Abs.1 StGB zur Bewährung ausgesetzt.

Die Differenzierung innerhalb der ausländischen Gefangenengruppe lässt eine deutliche Besserstellung der türkischen Gefangenen erkennen.

[133] Siehe oben unter Punkt III.3

Tabelle 73: Aussetzung des Strafrestes zur Bewährung gemäß § 57 I StGB (Tabelle b)

	Aussetzung (-)	Aussetzung (+)	Gesamt
Türken	12 54,5%	10 45,5%	22 100,0%
sonstige Ausländer	19 76,0%	6 24,0%	25 100,0%
Gesamt	31 66,0%	16 34,0%	47 100,0%

Signifikanzniveau: nicht signifikant

Der Anteil der türkischen Gefangenen, bei denen der Strafrest zur Bewährung ausgesetzt wurde, liegt mit 45,5% wesentlich über dem entsprechenden Anteil der sonstigen ausländischen Gefangenen von 24%. Bemerkenswert ist, dass annähernd so viele türkische Gefangene vorzeitig aus der Haft entlassen wurden wie deutsche (50%).

Auf der Suche nach einer Erklärung für die Besserstellung der türkischen Gefangenen ist aufschlussreich, dass die Wohnverhältnisse bei den türkischen Gefangenen, bei denen eine Entscheidung über die Strafrestaussetzung zur Bewährung getroffen wurde, stabiler waren als bei den entsprechenden sonstigen ausländischen Gefangenen.

Tabelle 74: Art der gewöhnlichen letzten Unterkunft der Gefangenen, bei denen eine Entscheidung nach § 57 I StGB getroffen wurde

		Mietwohnung/ Zimmer/ Appartement	Eltern-wohnung	Angehörigen-/ Bekannten-wohnung	Asyl-bewerber heim	Unter-bringung	sonstige Unterkunft	unklar	Gesamt
Türken	ja	12 54,5%	7 31,8%					3 13,6%	22 100,0%
	nein	9 34,6%	4 15,4%	6 23,1%	2 7,8%	1 3,8%		4 15,4%	26 100,0%
	Gesamt	21 43,8%	11 22,9%	6 12,5%	2 4,2%	1 2,1%		7 14,6%	48 100,0%
sonstige Ausländer	ja	7 28,0%	3 12,0%	4 16,0%	6 24,0%		1 4,0%	4 16,0%	25 100,0%
	nein	7 26,0%	3 11,1%	7 26,0%	1 3,7%		5 18,5%	4 14,8%	27 100,0%
	Gesamt	14 26,9%	6 11,5%	11 21,2%	7 13,5%		6 11,5%	8 15,4%	52 100,0%

Signifikanzniveau Türken: nicht signifikant
Signifikanzniveau sonstige Ausländer: nicht signifikant

54,5% der türkischen gegenüber nur 28% der sonstigen ausländischen Gefangenen, bei denen eine Entscheidung nach § 57 Abs.1 StGB getroffen wurde, wohnten vor ihrer Inhaftierung in einer Mietwohnung. In der Elternwohnung lebten 31,8% der entsprechenden türkischen und nur 12% der entsprechenden sonstigen ausländischen Gefangenen.

Bei der vorzeitigen Entlassung nach § 57 Abs.1 StGB besteht - vergleichbar den Daten zur Vollzugsgestaltung - ein Zusammenhang zwischen der Aufenthaltsdauer der Gefangenen in Deutschland und einer positiven Entscheidung der Strafvollstreckungskammern.

Tabelle 75: Relation zwischen der Strafrestaussetzung zur Bewährung und der Aufenthaltsdauer der Gefangenen in Deutschland

		in Deutschland geboren und/ oder aufgewachsen	nicht in Deutschland aufgewachsen	kein ständiger Aufenthalt in Deutschland	Gesamt
Strafrestaussetzung zur Bewährung	nein	15 48,4%	14 45,2%	2 6,5%	31 100,0%
	ja	11 68,8%	3 18,8%	2 12,5%	16 100,0%
Gesamt		26 55,3%	17 36,2%	4 8,5%	47 100,0%

Signifikanzniveau: nicht signifikant

68,8% der ausländischen Gefangenen, bei denen eine Strafrestaussetzung erfolgte, wurden in Deutschland geboren oder sind hier aufgewachsen.

Der hohe Anteil der gemäß § 57 Abs.1 StGB vorzeitig aus der Haft entlassenen ausländischen Gefangenen, die in Deutschland geborenen wurden oder aufgewachsenen sind, ist damit zu erklären, dass bei der Prognoseentscheidung der Strafvollstreckungskammer die nach der Haftentlassung zu erwartenden Lebensverhältnisse des Gefangenen zu berücksichtigen sind.[134] Die Lebensverhältnisse der Gefangenen, die schon in Deutschland geboren wurden oder aufgewachsen sind, werden sich im allgemeinen günstiger darstellen, als die der Gefangenen, die erst später nach Deutschland eingereist sind. Festzustellen ist in diesem Zusammenhang, dass der Anteil der Gefangenen, die vorzeitig aus der Haft entlassen wurden, kontinuierlich mit der sich verringernden Aufenthaltsdauer der Gefangenen in Deutschland abnimmt.

2.2. Begründung der ablehnenden Entscheidung

Annähernd jede achte (7,6) Begründung, mit der die Aussetzung des Strafrestes zur Bewährung abgelehnt wurde, stand in direktem Zusammenhang mit der ausländerrechtlichen Situation.

---

[134] Vgl. Sch/ Sch-Stree § 57 Rn.17

Tabelle 76: Strafrestaussetzung zur Bewährung gemäß § 57 I StGB - Begründung der ablehnenden Entscheidung

Entscheidungsgründe	**Deutsche**		**Ausländer**		**Gesamt**	
Zahl der Vorstrafen	15	34,9%	6	19,4%	21	28,4%
Bisherige Verurteilungen haben den Gefangenen nicht vor weiteren Straftaten bewahrt	16	37,3%	7	22,6%	23	31,1%
Früherer Bewährungsbruch	10	23,3%	8	25,8%	18	24,3%
Bisherige Bewährungschancen sind nicht genutzt worden	7	16,3%	5	16,1%	12	16,2%
Hohe Rückfallgeschwindigkeit	1	2,3%			1	1,4%
Schwere der abgeurteilten Taten	5	11,6%	6	19,4%	11	14,9%
Schwere der gegebenenfalls zu erwartenden Taten	1	2,3%			1	1,4%
Vorleben des Gefangenen	15	34,9%	14	45,2%	29	39,2%
Persönlichkeit des Gefangenen	17	39,5%	15	48,4%	32	43,2%
Labilität des Gefangenen	3	7,0%	1	3,2%	4	5,4%
Keine Auseinandersetzung mit Straftaten	6	14,0%			6	8,1%
Keine Bemühungen, ernsthafte Zukunftsperspektiven zu entwickeln			1	3,2%	1	1,4%
Gefangene lässt nicht erwarten, in Zukunft straffrei zu leben	19	44,2%	13	42,0%	33	44,6%
Negatives Vollzugsverhalten	2	4,7%	2	6,5%	4	5,4%
Keine Hafterleichterungen bisher oder noch weiter erforderlich	2	4,7%	9	29,0%	11	14,9%
Fehlverhalten bei Hafterleichterungen	2	4,7%	1	3,2%	3	4,1%
Länge des Vollzugs bisher nicht ausreichend	2	4,7%	1	3,2%	3	4,1%
Negativer Eindruck bei Anhörung durch das Gericht	2	4,7%	2	6,5%	4	5,4%
Keine stabile Beziehung vorhanden	3	7,0%	3	9,7%	6	8,1%
Schlechte berufliche Situation nach der Entlassung	5	11,6%	2	6,5%	7	9,5%
Schlechte Wohnungssituation nach der Entlassung	2	4,7%			2	2,7%
Nicht therapierte Drogenabhängigkeit	18	41,9%	7	22,6%	25	33,8%
Allgemein keine günstige Sozialprognose			3	9,7%	3	4,1%
Allgemein unklare Entlassungssituation			3	9,7%	3	4,1%
Maßnahme nach § 64 StGB angeordnet	2	4,7%			2	2,7%
Keine sozialen Kontakte/ Bindungen (in der BRD)	1	2,3%	4	13,0%	5	6,8%
Allgemein ausländerrechtliche Situation			2	6,5%	2	2,7%
Unklare ausländerrechtliche Situation			5	16,1%	5	6,8%
Ausländerrechtliche Maßnahmen zu erwarten/beabsichtigt			1	3,2%	1	1,4%
StA beabsichtigt zum 2/3-Zeitpunkt Maßnahme nach § 456a StPO			1	3,2%	1	1,4%
Ausweisung verfügt			4	13,0%	4	5,4%
Abschiebung verfügt			4	13,0%	4	5,4%
Summe der Gründe insgesamt	285		pro Ent.		3,.9	
Summe der Gründe bei deutschen Gefangenen	156		pro Ent.		2,1	
Summe der Gründe bei ausländischen Gefangenen	129		pro Ent.		1,8	
Summe der Gründe, welche die ausländerrechtliche Situation betreffen	17		pro Ent. bei Ausl.		7,6	

Die Strafvollstreckungskammern führten im Durchschnitt knapp 4 Gründe (3,9) gegen die vorzeitige Entlassung des Gefangenen an, wobei zwischen den Gefangenengruppen kein nennenswerter Unterschied bestand (Deutsche 2,1 - Ausländer 1,8). Von besonderem Gewicht waren das Vorleben des Gefangenen, welches bei den deutschen Gefangenen in 34,9% und bei den ausländischen Gefangenen trotz der im Allgemeinen günstigen Vorbelastung in 45,2% der Fälle genannt wurde, sowie die Persönlichkeit des Gefangenen, die bei 39,5% der deutschen und 48,4% der ausländischen Gefangenen angeführt wurde. Ebenfalls häufig gaben die Strafvollstreckungskammern an, dass der Gefangene nicht erwarten ließe, in Zukunft straffrei zu leben (Deutsche 44,2% - Ausländer 42,0%). Bei den ausländischen Gefangenen waren zudem die unklare ausländerrechtliche Situation (16,1% n.5) sowie die verfügte Ausweisung und die verfügte Abschiebung (jeweils 13% n.4) von ausschlaggebender Bedeutung. Die letztgenannten Begründungen erscheinen bedenklich, da die Entscheidung über die Strafrestaussetzung nicht vom Vorliegen einer rechtskräftigen Ausweisungsverfügung abhängig gemacht werden darf.[135] Auch eine unklare ausländerrechtliche Situation steht einer günstigen Sozialprognose nicht entgegen.[136] Angesichts der begrenzten Aussagekraft der geringen Zahlen sollten jedoch keine Schlussfolgerungen gezogen werden.

3. Absehen von der weiteren Vollstreckung gemäß § 456a Abs.1 StPO

Bei den ausländischen Gefangenen, die im Verlauf der Haft aus Deutschland ausgewiesen werden, hat die Staatsanwaltschaft die Möglichkeit, gemäß § 456a Abs.1 StPO von der (weiteren) Vollstreckung der Freiheitsstrafe abzusehen. Ein solches Vorgehen kommt auch dann in Betracht, wenn das Vollstreckungsgericht bereits die vorzeitige Entlassung nach den §§ 57, 57a StGB beschlossen hat. In diesem Zusammenhang ist festzustellen, dass in den Fällen, in denen eine Maßnahme nach § 456a StPO erfolgte, zuvor vielfach negativ über die Strafrestaussetzung zur Bewährung gemäß § 57 Abs.1 StGB entschieden wurde.

[135] Tröndle/ Fischer Kommentar zum Strafgesetzbuch § 57 Rn.6
[136] Vgl. für das Asylverfahren Tröndle/ Fischer, a.a.O.

Tabelle 77: Relation zwischen einer Entscheidung nach § 57 I StGB und einer Maßnahme nach § 456 StPO

		gemäß § 456a StPO von der weiteren Vollstreckung abgesehen		Gesamt
		nein	ja	
Strafrestaussetzung zur Bewährung gemäß § 57 I, II StGB	nein	4 16,7%	20 83,3%	24 100,0%
	ja	7 70,0%	3 30,0%	10 100,0%
Gesamt		11 32,4%	23 67,6%	34 100,0%

Signifikanzniveau: $p < 0,05$
1 Zelle (25,0%) hat eine erwartete Häufigkeit kleiner als 5.

Bei 83,3% der Gefangenen, bei denen über die Strafrestaussetzung zur Bewährung entschieden wurde, eine Aussetzung des Strafrestes aber nicht erfolgte, sahen die Staatsanwaltschaften im Verlauf der Haft gemäß § 456a StPO von der weiteren Vollstreckung der Freiheitsstrafe ab. Insoweit erscheint die Vorschrift des § 456a StPO als ein „Auffangtatbestand" zu § 57 Abs.1 StGB.

3.1. Für eine Maßnahme nach § 456a Abs.1 StPO in Betracht kommende Fälle

Voraussetzung für das Absehen von der weiteren Vollstreckung gemäß § 456a Abs.1 StPO ist das Vorliegen einer vollziehbaren Ausweisungsverfügung.

Tabelle 78: Für eine Maßnahme nach § 456a StPO in Betracht kommende Fälle

	Anzahl	Prozent
für Maßnahme nach § 456a StPO in Betracht kommend	84	84%
nein, keine Ausweisungsentscheidung ergangen	9	9%
nein, explizit von der Ausweisung des Gefangenen abgesehen	3	3%
nein, lebenslange Freiheitsstrafe/ Überstellung ins Ausland	4	4%
Gesamt	100	100%

Gegenüber 84% der ausländischen Gefangenen wurde eine Ausweisung verfügt, so dass diese Gefangenen für eine Maßnahme nach § 456a StPO in Betracht kamen.

In dem Bemühen, die Gründe zu finden, aufgrund derer zusammengerechnet 12% der Gefangenen für ein Vorgehen nach § 456a StPO nicht in Erwägung zu ziehen waren, weil eine Ausweisungsverfügung (noch) nicht ergangen war (n.9) oder weil explizit von der Ausweisung des Gefangenen abgesehen wurde (n.3), werden im Folgenden die Faktoren untersucht, die dafür ausschlaggebend gewesen sein könnten. Ein signifikanter Zusammenhang besteht zwischen der Entscheidung über die Ausweisung des Gefangenen und der Höhe der verhängten Strafe.

Tabelle 79: Relation zwischen der Entscheidungspraxis der Ausländerbehörden und der Höhe der verhängten Strafen

	bis zu 2 Jahren	2 - 4 Jahre	4 - 6 Jahre	6 - 8 Jahre	mehr als 8 Jahre	lebenslänglich	Gesamt
keine Ausweisungsentscheidung ergangen	10	2					12
	83,3%	16,7%					100,0%
Ausweisung verfügt	12	35	18	11	6	2	84
	14,3%	41,7%	21,4%	13,1%	7,1%	2,4%	100,0%
Ausweisung verfügt/ Abschiebung angedroht	10	33	14	10	4	2	73
	13,7%	45,2%	19,2%	13,7%	5,5%	2,7%	100,0%
unklar		1		1	2		4
		25,0%		25,0%	50,0%		100,0%
Gesamt	22	38	18	12	8	2	100
	22,0%	38,0%	18,0%	12,0%	8,0%	2,0%	100,0%

Anmerkung: Bei dieser Tabelle waren Mehrfachnennungen möglich.
Bei Einfachnennung (ohne die Antwortmöglichkeit „Ausweisung verfügt/ Abschiebung angedroht/ verfügt) beträgt das Signifikanzniveau $p < 0,05$; 13 Zellen (72,2%) haben eine erwartete Häufigkeit kleiner als 5.

83,3% der entsprechenden Gefangenen wurden zu einer Kurzstrafe von unter 2 Jahren verurteilt. Demzufolge war die Ausweisung des Gefangenen in diesen Fällen nicht zwingend vorgesehen, sondern stand gemäß § 45 AuslG i.V.m. § 46 Nr.2 AuslG im pflichtgemäßen Ermessen der zuständigen Ausländerbehörde.[137] Im Hinblick auf die konkrete Ermessensausübung ist aufschlussreich, dass sämtliche Gefangene, bei denen eine Ausweisung (noch) nicht ergangen war oder bei denen explizit von der Ausweisung abgesehen wurde, vor der Inhaftierung ihren festen Aufenthalt in Deutschland hatten.[138] 66,7% (n.8) der entsprechenden Gefangenen wurden bereits in Deutschland geboren oder sind hier aufgewachsen.[139] Insofern wird die

[137] Sämtliche Gefangene bei denen eine Ausweisung (noch) nicht verfügt wurde bzw. bei denen explizit von einer Ausweisung abgesehen wurde, wurden zu einem Strafmaß von unter 3 Jahren verurteilt, so dass auch in keinem der Fälle der Tatbestand der zwingenden Ausweisung gemäß § 47 Abs.1 AuslG erfüllt war.

[138] Siehe Tabelle 7 im Anhang

[139] Siehe Tabelle 8 im Anhang

Aufenthaltsdauer des Gefangenen in Deutschland zumindest in den Fällen, in denen die Ausländerbehörde explizit von der Ausweisung des Gefangenen abgesehen hatte (n.3), entsprechend den Vorgaben des § 45 Abs.2 AuslG im Rahmen der Ermessensausübung ausschlaggebend berücksichtigt worden sein. In den Fällen, in denen bis zum Erhebungszeitpunkt (noch) keine Entscheidung über die Ausweisung des Gefangenen ergangen war (n.9), kann demgegenüber nur vermutet werden, dass ein Zusammenhang zwischen der sozialen Bindung des Gefangenen in Deutschland und der Untätigkeit der Ausländerbehörde bestand. Denkbar ist, dass die Ausländerbehörden aufgrund des ihnen eingeräumten Ermessens einen längeren Zeitraum für die Entscheidungsfindung beanspruchten.

3.2. Kontakt zwischen Vollstreckungs- und Vollzugsbehörde

Gemäß den Verwaltungsvorschriften zu § 456a StPO ist in Nordrhein-Westfalen in der Regel zum Zeitpunkt der Verbüßung der Hälfte einer zeitigen Freiheitsstrafe von der weiteren Vollstreckung abzusehen.[140] Insofern erscheint der Anteil von etwas mehr als der Hälfte (59,6%) der ausländischen Gefangenen, bei denen bis zu diesem Zeitpunkt der erste Kontakt zwischen Vollstreckungs- und Vollzugsbehörde hinsichtlich eines entsprechenden Vorgehens hergestellt wurde, als eher gering.

Tabelle 80: Haftphase des erstmaligen Kontaktes zwischen Vollstreckungs- und Vollzugsbehörde im Hinblick auf eine Maßnahme nach § 456a StPO

Haftphase	Anzahl	Prozent	Kumulierte Prozent
bis zu 1/3	25	29,8%	29,8%
bis zu 1/2	25	29,8%	59,6%
bis zu 2/3	16	19,0%	78,6%
bis Strafende	6	7,1%	85,7%
unklar	2	2,4%	88,1%
(kein Kontakt)	10	12,0%	100%
Gesamt	84	100%	

Bei weiteren 12% der Gefangenen, die grundsätzlich für eine Maßnahme nach § 456a in Erwägung zu ziehen waren, kam es zu keinem Kontakt zwischen den Behörden.

Der Anlass des erstmaligen Behördenkontaktes bestand in der Regel sogleich in dem Zugang der Verfügung, mit der von der weiteren Vollstreckung der Freiheitsstrafe abgesehen wurde.

[140] Vgl. Punkt I.1 der RV d. JM NRW vom 29.10.1987

Tabelle 81: Anlass des erstmaligen Kontaktes zwischen Vollstreckungs- und Vollzugsbehörde im Hinblick auf eine Maßnahme nach § 456a StPO

	Anzahl	Prozent
StA: Zugang der Verfügung gemäß § 456a StPO	63	87,5%
StA: Anfrage, ob der Gefangene mit einer Maßnahme nach § 456a StPO einverstanden ist	1	1,4%
StA: Ablehnung des Antrags des Gefangenen	2	2,8%
JVA: Anfrage, ob eine Maßnahme nach § 456a StPO erfolgen wird	2	2,8%
JVA: Bitte um Abschiebung des Gefangenen vor dem Halbstzrafenzeitpunkt	1	1,4%
unklar	3	4,2%
Gesamt	72	100,0%

So ging in 87,5% der Fälle zum Zeitpunkt des ersten Kontaktes zwischen Staatsanwaltschaft und JVA eine entsprechende Verfügung zu.

Im Hinblick auf die 12% (n.10) der Gefangenen, die grundsätzlich für eine Maßnahme nach § 456a StPO in Betracht kamen, bei denen jedoch kein Kontakt zwischen den Behörden hergestellt wurde, ist nach Faktoren zu suchen, die dafür ausschlaggebend gewesen sein können, dass die Staatsanwaltschaften eine Maßnahme nach § 456a StPO nicht erwägt hatten.

Zu berücksichtigen ist die Deliktsstruktur der entsprechenden Gefangenen:

Tabelle 82: Deliktsstruktur der Gefangenen ohne Behördenkontakt

	Anzahl	Prozent
Diebstahl und Vermögensdelikte	1	10,0%
Gewaltdelikte	3	30,0%
BTM-Delikte	5	50,0%
sonstige Delikte	1	10,0%
Gesamt	10	100,0%

50% der entsprechenden Gefangenen waren aufgrund von BTM- Delikten inhaftiert. Insofern könnten die zuständigen Staatsanwaltschaften ein Vorgehen nach § 456a StPO möglicherweise aufgrund der Deliktsstruktur - schwere Drogenkriminalität - nicht in Betracht gezogen haben.[141]

Diese Vermutung wird allerdings entkräftet, wenn man die Daten zur Höhe der verhängten Strafen hinzuzieht.

[141] Zu informellen Entscheidungsstandards für schwere Drogenkriminalität vgl. Giehring, a.a.O. S.507

Tabelle 83: Relation zwischen Delikt und Strafe bei den Gefangenen ohne Behördenkontakt

	bis zu 2 Jahren	2 bis 4 Jahre	4 bis 6 Jahre	Gesamt
Diebstahl/ Vermögensdelikte u.ä.		1 100,0%		1 100,0%
Gewaltdelikte	1 33,3%	1 33,3%	1 33,3%	3 100,0%
BTM-Delikte	3 60,0%	1 20,0%	1 20,0%	5 100,0%
sonstige Delikte		1 100,0%		1 100,0%
Gesamt	4 40,0%	4 40,0%	2 20,0%	10 100,0%

Signifikanzniveau: nicht signifikant

60% der entsprechenden BTM- Delinquenten wurden zu einer Kurzstrafe von unter 2 Jahren verurteilt. Demzufolge waren die begangenen Straftaten nicht der schweren Drogenkriminalität zuzuordnen, so dass die Deliktsstruktur insoweit nicht zwingend als Erklärung für die nicht erfolgte Kontaktaufnahme zwischen den Behörden herangezogen werden kann. Denkbar ist allerdings eine Beachtung der Deliktsstruktur dahingehend, dass gerade die kurzen BTM-Strafen für die Gefangenen spürbar bleiben sollten.

Auskunft geben eher die Daten, die in Zusammenhang mit der ausländerrechtlichen Situation der entsprechenden Gefangenen stehen.

Tabelle 84: Rechtsbehelfe gegen die Ausweisungsverfügung bei den Gefangenen ohne Behördenkontakt

		Anzahl	Prozent
Rechtsbehelfe eingelegt	nein	3	30,0%
	ja	7	70,0%
Gesamt		10	100,0%

70% der ausländischen Gefangenen, die für eine Maßnahme nach § 456a StPO in Betracht zu ziehen waren, bei denen jedoch kein Kontakt zwischen Staatsanwaltschaft und JVA hergestellt wurde, hatten Rechtsbehelfe gegen die Ausweisungsverfügung eingelegt. In diesen Fällen (n.7) lässt sich die nicht erfolgte Kontaktaufnahme zwischen den Behörden damit erklären, dass vor einer Kontaktaufnahme, die in der Regel ohnehin bereits in dem Zugang einer entsprechenden Verfügung bestand, zunächst der Ausgang des ausländerrechtlichen Verfahrens abgewartet werden sollte.

Von diesen 7 Gefangenen, hatten 5 (lediglich) Widerspruch gegen die Verfügung eingelegt. Zu berücksichtigen ist, dass der Widerspruch nicht die Tatbestandsvoraussetzungen des § 456a StPO beseitigt hat. Aufgrund der Tatsache, dass die Ausländerbehörden grundsätzlich die sofortige Vollziehung der Ausweisungsverfügung angeordnet hatten, entfiel gemäß § 80 Abs.2 Nr.4 VwGO die aufschiebende Wirkung des Widerspruchs, so dass die Vollziehbarkeit der Ausweisungsverfügung unberührt blieb. Infolgedessen waren die Gefangenen unverändert für eine Maßnahme nach § 456 a StPO heranzuziehen, so dass sich die Ausgangsmenge von 84 Gefangenen, die für ein entsprechendes Vorgehen in Betracht kamen, hierdurch nicht vermindert hat. Etwas anderes gilt in bezug auf die Gefangenen (n.2), die gemäß § 80 Abs.5 VwGO einen erfolgreichen Antrag an das Gericht auf Wiederherstellung der aufschiebenden Wirkung gestellt hatten, so dass dem weiteren Verlauf der Darstellung eine Ausgangsmenge von 82 Gefangenen, die für eine Maßnahme nach § 456a StPO in Erwägung zu ziehen waren, zugrunde gelegt wird.

3.3. Antrag auf das Absehen von der weiteren Vollstreckung

Ungeachtet der Intention des § 456a StPO ist davon auszugehen, dass ein Absehen von der weiteren Vollstreckung bei ausgewiesenen ausländischen Gefangenen, die spätestens nach der Haftentlassung mit ihrer Abschiebung rechnen müssen, regelmäßig in deren Interesse liegen wird. Dennoch hat ein nur geringer Anteil der ausgewiesenen ausländischen Gefangenen ein solches Vorgehen im Verlauf der Haft beantragt.

Tabelle 85: Beantragte Maßnahme nach § 456aStPO

		Anzahl	Prozent
Maßnahme nach § 456a StPO beantragt	nein	48	58,5%
	ja	34	41,5%
Gesamt		82	100,0%

Lediglich 41,5% der ausgewiesenen ausländischen Gefangenen stellten einen entsprechenden Antrag an die Staatsanwaltschaft. Diese niedrige Antragsquote könnte dadurch zu erklären sein, dass ein hoher Anteil der ausländischen Gefangenen nach der Haftentlassung trotz der Ausweisung in Deutschland verbleiben wollte, so dass die Gefangenen ihre Abschiebung nicht durch einen Absehensantrag unmittelbar bewirken wollten.

Diese Annahme wird dadurch gestützt, dass die entsprechenden Gefangenen häufig Rechtsbehelfe gegen die Ausweisungsverfügung eingelegt hatten.

Tabelle 86: Relation zwischen einer beantragten Maßnahme nach § 456a StPO und eingelegten Rechtsbehelfen gegen die Ausweisungsverfügung

		Rechtsbehelfe eingelegt		Gesamt
		nein	ja	
Maßnahme nach § 456a StPO beantragt	nein	29 60,4%	19 39,6%	48 100,0%
	ja	34 100,0%		34 100,0%
Gesamt		63 76,8%	19 23,2%	82 100,0%

Signifikanzniveau: p < 0,05

So hatten 39,6% der entsprechenden Gefangenen Widerspruch gegen die Ausweisungsverfügung eingelegt.

Die zuvor genannte Schlussfolgerung lassen auch die Daten zur Art des Aufenthalts der ausgewiesenen ausländischen Gefangenen in Deutschland zu. Es besteht ein signifikanter Zusammenhang zwischen der Antragstellung und der Aufenthaltsdauer in Deutschland.

Tabelle 87: Relation zwischen einer beantragten Maßnahme nach § 456a StPO und der Art des Aufenthalts der Gefangenen in Deutschland

		fester Aufenthalt in Deutschland	Einreise zum Zwecke der Tatbegehung	Gesamt
Maßnahme nach § 456a StPO beantragt	nein	43 89,6%	5 10,4%	48 100,0%
	ja	19 55,9%	15 44,1%	34 100,0%
Gesamt		62 75,6%	20 24,4%	82 100,0%

Signifikanzniveau: p < 0,05

Von den ausgewiesenen Gefangenen, die ein Vorgehen nach § 456a StPO nicht beantragten, hatten 89,6% vor ihrer Inhaftierung dauerhaft in Deutschland gelebt. Auch hier kann somit angenommen werden, dass die Gefangenen ihre Abschiebung nicht durch den Vollstreckungsverzicht herbeiführen wollten. Bei diesen Daten ist im übrigen auf Korrelationen zu den in Tabelle 86 dargestellten Daten hinzuweisen

3.4. Erfolgte Maßnahme nach § 456a Abs.1 StPO

Das wohl bedeutsamste Ergebnis im Hinblick auf die Anwendungspraxis des § 456a StPO ist, dass bei einem hohen Anteil der ausländischen Gefangenen, die für eine solche Maßnahme in Betracht kamen, auch faktisch von der weiteren Vollstreckung der Freiheitsstrafe abgesehen wurde.

Tabelle 88: Erfolgte Maßnahme nach § 456a StPO

	gemäß § 456a StPO von der weiteren Vollstreckung abgesehen		Gesamt
	nein	ja	
Türken	6 15,0%	34 85,0%	40 100,0%
sonstige Ausländer	5 11,9%	37 88,1%	42 100,0%
Gesamt	11 13,4%	71 86,6%	82 100,0%

Signifikanzniveau: nicht signifikant

Bei 86,6% der ausgewiesenen ausländischen Gefangenen wurde von der weiteren Vollstreckung der Freiheitsstrafe abgesehen, wobei die Differenzierung zwischen türkischen und sonstigen ausländischen Gefangenen keine nennenswerten Unterschiede erkennen lässt. Der hohe Anteil an ausländischen Gefangenen, bei denen nach § 456a StPO verfahren wurde, zeigt, dass von dieser Vorschrift in Nordrhein-Westfalen reger Gebrauch gemacht wird.

Dabei besteht ein signifikanter Zusammenhang zwischen einer zuvor beantragten Maßnahme nach § 456a StPO und einer positiven Entscheidung der zuständigen Staatsanwaltschaft.

Tabelle 89: Relation zwischen beantragter und erfolgter Maßnahme nach § 456a StPO

		von der weiteren Vollstreckung abgesehen		Gesamt
		nein	ja	
Maßnahme nach § 456a StPO beantragt	nein	10 21,3%	37 78,7%	47 100,0%
	ja	1 2,9%	34 97,1%	35 100,0%
Gesamt		11 13,4%	71 86,6%	82 100,0%

Signifikanzniveau: $p < 0,05$
1 Zelle (25,0%) hat eine erwartete Häufigkeit kleiner als 5.

Bei 97,1% der Gefangenen, die ein Vorgehen nach § 456a StPO beantragt hatten, wurde von der weiteren Vollstreckung der Freiheitsstrafe abgesehen. In den Fällen, in denen zuvor keinen Absehensantrag gestellt worden war, trafen die Strafvollstreckungsbehörden erkennbar seltener, in 78,7% der Fälle eine positive Entscheidung nach § 456a StPO. Durch eine Antragstellung könnten die Aussichten auf einen Vollstreckungsverzicht somit vorweggenommen worden sein.

3.5. Zusammenhang zwischen der Anwendungspraxis des § 456a Abs.1 StPO und anderweitigen Faktoren

Da der Anteil der Gefangenen, bei denen nicht gemäß § 456a StPO von der weiteren Vollstreckung der Freiheitsstrafe abgesehen wurde, mit 13,4% (n.11) unerwartet gering ist, interessieren die Faktoren, aufgrund derer eine solche Maßnahme nicht erfolgte. Auch hier wäre es zweckmäßig, anhand einer Varianzanalyse eine Gewichtung einzelner Faktoren vorzunehmen. Da dieses Verfahren aufgrund der geringen Zahlen nicht anwendbar ist, wird der Einfluss einzelner Faktoren jeweils gesondert überprüft.[142]

Zunächst ist festzustellen, dass sich die unterschiedliche Deliktsstruktur nicht auf die Anwendungspraxis des § 456a StPO ausgewirkt hat.

Tabelle 90: Relation zwischen Bezugsdelikt und einer erfolgten Maßnahme nach § 456a StPO

	von der weiteren Vollstreckung abgesehen		Gesamt
	nein	ja	
Diebstahl/ Vermögensdelikte	1 16,7%	5 83,3%	6 100,0%
Gewaltdelikte	4 15,4%	22 84,6%	26 100,0%
BTM-Delikte	5 10,4%	43 89,6%	48 100,0%
sonstige Delikte	1 50,0%	1 50,0%	2 100,0%
Gesamt	11 13,4%	71 86,6%	82 100,0%

Signifikanzniveau: nicht signifikant

Bei den Diebstahls- und Vermögensdelinquenten sah die Staatsanwaltschaft in 83,3% der Fälle von der weiteren Vollstreckung der Freiheitsstrafe

[142] Bei den in diesem Zusammenhang darzustellenden Ergebnissen ist darauf hinzuweisen, dass es zu Überschneidungen mit den unter Punkt 3.2. genannten Daten zu den Gefangenen, bei denen kein Kontakt zwischen Staatsanwaltschaft und JVA hergestellt wurde, kommen kann.

ab. Kaum nennenswert darüber liegt der entsprechende Anteil bei den Gewalttätern mit 84,6%. Am häufigsten erfolgte eine Maßnahme nach § 456a StPO bei den BTM-Delinquenten (89,6%). Umgekehrt finden sich konsequenterweise auch in bezug auf die Gefangenen, bei denen nicht von der weiteren Vollstreckung der Freiheitsstrafe abgesehen wurde, keine gravierenden Unterschiede hinsichtlich der Deliktsstruktur.

Der Anteil der Gefangenen, bei denen eine Maßnahme nach § 456a StPO erfolgte, steigt fast kontinuierlich mit der Höhe der verhängten Strafen an.

Tabelle 91: Relation zwischen der Höhe der verhängten Strafen und einer erfolgten Maßnahme nach § 456aStPO

	von der weiteren Vollstreckung abgesehen		Gesamt
	nein	ja	
Bis zu 2 Jahren	4 33,3%	8 66,7%	12 100,0%
2 - 4 Jahre	4 11,1%	32 88,9%	36 100,0%
4 - 6 Jahre	3 16,7%	15 83,3%	18 100,0%
6 - 8 Jahre		11 100,0%	11 100,0%
mehr als 8 Jahre		5 100,0%	5 100,0%
Gesamt	11 13,4%	71 86,6%	82 100,0%

Signifikanzniveau: nicht signifikant

Während bei den Kurzstrafen von unter 2 Jahren bei einem vergleichsweise geringen Anteil von 66,7% der Gefangenen eine positive Entscheidung nach § 456a StPO getroffen wurde, erhöht sich der entsprechende Anteil bei den Gefangenen, deren Strafmaß 2 - 4 Jahre betrug, bereits auf 88,9%. Ab einem Strafmaß von über 6 Jahren sah die Vollstreckungsbehörde jeweils bei sämtlichen Gefangenen gemäß § 456a StPO von der weiteren Vollstreckung der Freiheitsstrafe ab.

Bedeutsam im Hinblick auf die Anwendungspraxis des § 456a StPO scheint auch die Sozialisation der Gefangenen zu sein. Denn es besteht ein signifikanter Zusammenhang zwischen der Aufenthaltsdauer der Gefangenen in Deutschland und einer entsprechenden Entscheidung nach § 456a StPO.

Tabelle 92: Relation zwischen der Aufenthaltsdauer der Gefangenen in Deutschland und einer erfolgten Maßnahme nach § 456a StPO

	von der weiteren Vollstreckung abgesehen		Gesamt
	nein	ja	
in Deutschland geboren bzw. aufgewachsen	9 28,1% 81,8%	23 71,9% 32,4%	32 100,0% 39,0%
im Erwachsenenalter eingereist und seitdem hier lebend	1 8,3% 9,1%	11 91,7% 15,5%	12 100,0% 14,6%
nach 1990 eingereist und seitdem hier lebend		17 100,0% 23,9%	17 100,0% 20,7%
kein ständiger Aufenthalt in Deutschland	1 4,8% 9,1%	20 95,2% 28,2%	21 100,0% 25,6%
Gesamt	11 13,4% 100,0%	71 86,6% 100,0%	82 100,0% 100,0%

Signifikanzniveau: $p < 0{,}05$
4 Zellen (50,0%) haben eine erwartete Häufigkeit kleiner als 5. Die oberen Prozentangaben in den Zellen beziehen sich jeweils auf die Zeilen- die unteren auf die Spaltenprozente.

Der Anteil der Gefangenen, bei denen nach § 456a StPO verfahren wurde, erhöht sich fast kontinuierlich mit der sich verringernden Aufenthaltsdauer der Gefangenen in Deutschland. Bei den Gefangenen, die in Deutschland geboren wurden oder aufgewachsen sind, sahen die Staatsanwaltschaften in 71,9% der Fälle von der weiteren Vollstreckung der Freiheitsstrafe ab. Der entsprechende Anteil der Gefangenen, die erst nach 1990 eingereist sind, beträgt bereits 100%. Von den in Deutschland geborenen oder aufgewachsenen Gefangenen, bei denen eine Maßnahme nach § 456a StPO nicht erfolgte, hatten 88,9% (n.8) zuvor Rechtsbehelfe gegen die Ausweisungsverfügung eingelegt.[143] Somit könnte der vergleichsweise geringe Gefangenenanteil von 71,9%, bei denen von der weiteren Vollstreckung abgesehen wurde, auch auf das noch abzuwartende ausländerbehördliche Verfahren zurückzuführen sein. Hierfür spricht, dass von den Gefangenen, die erst im Erwachsenenalter oder nach 1990 eingereist sind (n.29), in nur 2 Fällen Widerspruch gegen die Ausweisungsverfügung eingelegt wurde.[144]

[143] Siehe Tabelle 9 im Anhang
[144] Vgl. Tabelle 9 im Anhang

Spiegelbildlich liegt der Anteil der Gefangenen, bei denen nicht von der weiteren Vollstreckung der Freiheitsstrafe abgesehen wurde und die in Deutschland geboren wurden oder aufgewachsen sind, mit 81,8% (n.9) drastisch über den entsprechenden Anteilen der Gefangenen, die im Erwachsenenalter eingereist sind und der Gefangenen, die vor der Inhaftierung keinen ständigen Aufenthalt in Deutschland hatten (jeweils 9,1% n.1).

Im Hinblick auf die Daten zur Sozialisation der Gefangenen bleibt somit festzuhalten, dass vermehrt bei denjenigen ausländischen Gefangenen gemäß § 456a StPO von der weiteren Vollstreckung der Freiheitsstrafe abgesehen wurde, die eine kürzere Aufenthaltsdauer in Deutschland aufwiesen. Nicht zu klären ist, ob die Staatsanwaltschaften nicht auch zunehmend bei den in Deutschland geborenen oder aufgewachsenen ausländischen Gefangenen von der weiteren Vollstreckung der Freiheitsstrafe abgesehen hätten, wenn von diesen nicht zuvor vielfach Rechtsbehelfe gegen die Ausweisungsverfügung eingelegt worden wären.

3.6. Zeitpunkt des Wirksamwerdens des Absehens von der weiteren Vollstreckung

Entsprechend den Vorgaben der zu § 456a StPO ergangenen Verwaltungsvorschriften ist als Zeitpunkt, zu dem das Absehen von der (weiteren) Vollstreckung wirksam werden soll, der Zeitpunkt der Übergabe des Verurteilten an die mit der Abschiebung betraute Behörde zu bestimmen.[145] Von den Staatsanwalten wurde demgegenüber häufig ein - gemäß der Rundverfügung gerade nicht anzugebender[146] - kalendermäßig festgelegter Zeitpunkt bestimmt.

Tabelle 93: Früheste Wirksamkeit des Absehens von der weiteren Vollstreckung (Tabelle a)

Haftphase	Anzahl	Prozent	Kumulierte Prozent
bis zu 1/2	33	46,5%	46,5%
bis zu 2/3	13	18,3%	64,8%
bis Strafende	4	5,6%	70,4%
Zeitpunkt der Übergabe	21	29,6%	100%
Gesamt	71	100%	

[145] Damit soll den Ausländerbehörden ermöglicht werden, die für die Abschiebung erforderlichen Modalitäten vorab zu klären, so dass der Gefangene bereits aus der Strafhaft heraus abgeschoben werden kann.

[146] Vgl. zu den Vorgaben der Rundverfügung: Abschnitt II Nr.4 RV d. JM v. 29.10.1987

Nach diesem von den Staatsanwaltschaften bestimmten Zeitpunkt sollte das Absehen von der weiteren Vollstreckung bei 46,5% der Gefangenen bis zum Ablauf der Hälfte der Gesamtverbüßungszeit (Regelzeitpunkt) wirksam werden. In 29,6% der Fälle wurde als Zeitpunkt für das Wirksamwerden des Vollstreckungsverzichts - entsprechend den Vorgaben der Rundverfügung - der Zeitpunkt der Übergabe des Gefangenen an die zuständige Ausländerbehörde angeordnet.

Dabei ist wiederum ein signifikanter Zusammenhang zwischen einer vorherigen Antragstellung und der Entscheidung der zuständigen Staatsanwaltschaft festzustellen:

Tabelle 94: Relation zwischen einer beantragten Maßnahme nach § 456a StPO und dem Zeitpunkt des Wirksamwerdens des Absehens von der weiteren Vollstreckung

		bis zu 1/2	bis zu 1/3	bis Strafende	Zeitpunkt der Übergabe	Gesamt
Maßnahme nach § 456a StPO beantragt	nein	17 44,7%	10 26,3%	10 26,3%	1 2,6%	38 100,0%
	ja	19 57,6%	13 39,4%	1 3,0%		33 100,0%
Gesamt		36 50,7%	23 32,4%	11 15,5%	1 1,4%	71 100,0%

Signifikanzniveau: $p < 0,05$
2 Zellen (25,0%) haben eine erwartete Häufigkeit kleiner als 5.

Bei 57,6% der Gefangenen, die eine Maßnahme nach § 456a StPO zuvor beantragt hatten, sollte das Absehen von der weiteren Vollstreckung bis zum Ablauf der Hälfte der Gesamtverbüßungszeit wirksam werden. In keinem der Fälle wurde hierfür der Zeitpunkt der Übergabe des Gefangenen an die zuständige Ausländerbehörde festgelegt.

Wenn man zur Ermittlung des Zeitpunktes, zu dem das Absehen von der weiteren Vollstreckung wirksam wurde, den Zeitpunkt der Abschiebung des Gefangenen - also den Zeitpunkt der Übergabe des Gefangenen an die zuständige Ausländerbehörde[147] - mit einbezieht, ergibt sich folgendes Bild:

[147] Die Abschiebung der Gefangenen erfolgte stets aus der Strafhaft heraus, so dass keiner der Gefangenen in Abschiebehaft genommen wurde.

Tabelle 95: Früheste Wirksamkeit des Absehens von der weiteren Vollstreckung (Tabelle b)

Haftphase	Anzahl	Prozent	Kumulierte Prozent
bis zu 1/2	36	50,7%	50,7%
bis zu 2/3	23	32,4%	83,1%
bis Strafende	11	15,5%	98,6%
unklar	1	1,4%	100%
Gesamt	71	100%	

In 50,7% der Fälle wurde das Vorgehen nach § 456a StPO bis zum Ablauf der Hälfte der Gesamtverbüßungszeit wirksam. Angesichts des in den Verwaltungsvorschriften als Regelzeitpunkt angegebenen Halbstrafenzeitpunktes, zu dem bei einer zeitigen Freiheitsstrafe von der weiteren Vollstreckung abzusehen ist, mag dieser Anteil als eher gering erscheinen. Kumulativ wurde bei 83,1% der ausgewiesenen ausländischen Gefangenen bis zum Ablauf von 2/3 der Gesamtverbüßungszeit von der weiteren Vollstreckung der Freiheitsstrafe abgesehen.

Im Hinblick auf den Zeitpunkt, zu dem das Absehen von der weiteren Vollstreckung wirksam werden sollte, ist zu klären, ob ein Zusammenhang zwischen der Entscheidungspraxis der Vollstreckungsbehörden und der Deliktsstruktur festzustellen ist.

Tabelle 96: Relation zwischen der Deliktsstruktur und dem Zeitpunkt des Wirksamwer dens der Maßnahme nach § 456a StPO (Tabelle a)

	bis zu 1/2	bis zu 2/3	bis Strafende	Zeitpunkt der Übergabe	Gesamt
Diebstahl/ Vermögensdelikte		2 33,3%	1 16,7%	3 50,0%	6 100,0%
Gewaltdelikte	8 38,1%	4 19,0%	1 4,8%	8 38,1%	21 100,0%
BTM- Delikte	25 58,1%	7 16,3%	2 4,7%	9 20,9%	43 100,0%
sonstige Delikte				1 100,0%	1 100,0%
Gesamt	33 46,5%	13 18,3%	4 5,6%	21 29,6%	71 100,0%

Signifikanzniveau: nicht signifikant

Es zeigt sich, dass die Staatsanwaltschaften bei den Diebstahls- und Vermögensdelinquenten in keinem der Fälle einen Zeitpunkt für das Wirksamwerden des Vollstreckungsverzichts bestimmt hatten, der vor dem Ablauf der Hälfte der Gesamtverbüßungszeit lag. Stattdessen wurde in 50% (n.3) der Fälle der Zeitpunkt der Übergabe des Gefangenen an die zuständige Ausländerbehörde angeordnet. Die Entscheidung über den Zeitpunkt des Wirksamwerdens der Maßnahme nach § 456a StPO wurde somit faktisch der Ausländerbehörde überlassen. Demgegenüber sollte das Absehen von der weiteren Vollstreckung bei 58,1% (n.25) der BTM-Delinquenten bis zum Ablauf der Hälfte der Gesamtverbüßungszeit wirksam werden, in 20,9% (n.9) der Fälle wurde hierfür der Zeitpunkt der Übergabe des Gefangenen an die zuständige Ausländerbehörde verfügt. Jeweils zwischen den Daten zu den Diebstahls- bzw. Vermögensstraftätern und den BTM- Delinquenten liegen die Paralleldaten bei den Gewalttätern.

Wenn man den Zeitpunkt mit einbezieht, zu dem der Gefangene abgeschoben wurde - d.h. den Zeitpunkt der Übergabe des Gefangenen an die zuständige Ausländerbehörde - ergibt sich folgendes:

Tabelle 97: Relation zwischen der Deliktsstruktur und dem Zeitpunkt des Wirksamwerdens der Maßnahme nach § 456a StPO (Tabelle b)

	bis zu 1/2	bis zu 2/3	bis Strafende	unklar	Gesamt
Diebstahl/ Vermögensdelikte		5 83,3%	1 16,7%		6 100,0%
Gewaltdelikte	9 42,9%	8 38,1%	4 19,0%		21 100,0%
BTM- Delikte	27 62,8%	10 23,3%	5 11,6%	1 2,3%	43 100,0%
sonstige Delikte			1 100,0%		1 100,0%
Gesamt	36 50,7%	23 32,4%	11 15,5%	1 1,4%	71 100,0%

Signifikanzniveau: $p < 0,05$
11 Zellen (68,8%) haben eine erwartete Häufigkeit kleiner als 5.

Bei den Diebstahls- und Vermögensdelinquenten wurde die Maßnahme nach § 456a StPO auch unter Einbeziehung des Zeitpunktes, zu dem der Gefangene abgeschoben wurde, in keinem der Fälle bis zum Ablauf der Hälfte der Gesamtverbüßungszeit wirksam. Im Rahmen der Gewaltdelikte lag der Wirksamkeitszeitpunkt bei 42,9% (n.9) der Gefangenen bis zum Ablauf der Hälfte der Gesamtverbüßungszeit. Wesentlich höher war der entsprechende Anteil bei den BTM- Delinquenten mit 62,9% (n.27).

Der aufgrund der vorherigen Daten entstandene Eindruck, dass sich die „Deliktsschwere" positiv auf den Wirksamkeitszeitpunkt ausgewirkt hat, wird durch die Darstellung des Zusammenhangs zwischen der Höhe der verhängten Strafen und dem Zeitpunkt, zu dem der Vollstreckungsverzicht wirksam werden sollte, widerlegt.

Tabelle 98: Relation zwischen der Höhe der verhängten Strafen und dem Zeitpunkt des Wirksamwerdens der Maßnahme nach § 456a StPO

	bis zu 1/2	bis zu 2/3	bis Strafende	Zeitpunkt der Übergabe	Gesamt
bis zu 2 Jahren	3 33,3%	1 11,1%	1 11,1%	4 44,4%	9 100,0%
2 - 4 Jahre	19 61,3%	3 9,7%	2 6,5%	7 22,6%	31 100,0%
4 - 6 Jahre	6 42,9%	2 14,3%	1 7,1%	5 35,7%	14 100,0%
6 - 8 Jahre	4 36,4%	4 36,4%		3 27,3%	11 100,0%
mehr als 8 Jahre	1 16,7%	3 50,0%		2 33,3%	6 100,0%
Gesamt	33 46,5%	13 18,3%	4 5,6%	21 29,6%	71 100,0%

Signifikanzniveau: nicht signifikant

Bis zum Ablauf der Hälfte der Gesamtverbüßungszeit sollte eine Maßnahme nach § 456a StPO vermehrt (61,3%) bei denjenigen Gefangenen wirksam werden, die zu einem mittleren Strafmaß von 2 - 4 Jahren verurteilt wurden. Mit der zunehmenden Länge der Freiheitsstrafe verringert sich der entsprechende Anteil kontinuierlich von 42,9% (4 - 6 Jahre) auf 36,4% (6 - 8 Jahre). Deutlich rückläufig sind die Zahlen ab einem Strafmaß von mehr als 8 Jahren; hier wurde bei 16,7% der Gefangenen ein Zeitpunkt bis zum Ablauf der Hälfte der Gesamtverbüßungszeit verfügt.

Die genannten Ergebnisse lassen sich unter Hinzuziehung der Daten zur Deliktsstruktur verdeutlichen:

Tabelle 99: Relation zwischen Bezugsdelikt/ dem Zeitpunkt des Wirksamwerdens und der Höhe der verhängten Strafen

		bis zu 2 Jahren	2 - 4 Jahre	4 - 6 Jahre	6 - 8 Jahre	mehr als 8 Jahre	Gesamt
Diebstahl/ Vermögens-delikte	bis zu 2/3	1 50,0%	1 50,0%				2 100,0%
	bis Strafende	1 100,0%					1 100,0%
	Zeitpunkt der Übergabe	1 33,3%	2 66,7%				3 100,0%
Gewalt-delikte	bis zu 1/2	1 12,5%	5 62,5%	1 12,5%	1 12,5%		8 100,0%
	bis zu 2/3		2 50,0%		2 50,0%		4 100,0%
	bis Strafende		1 100,0%				1 100,0%
	Zeitpunkt der Übergabe	1 12,5%	4 50,0%	1 12,5%	1 12,5%	1 12,5%	8 100,0%
BTM- Delikte	bis zu 1/2	2 8,0%	14 56,0%	5 20,0%	3 12,0%	1 4,0%	25 100,0%
	bis zu 2/3			2 28,6%	2 28,6%	3 42,9%	7 100,0%
	bis Strafende		1 50,0%	1 50,0%			2 100,0%
	Zeitpunkt der Übergabe	2 22,2%		4 44,4%	2 22,2%	1 11,1%	9 100,0%
sonstige Delikte	Zeitpunkt der Übergabe		1 100,0%				1 100,0%

Signifikanzniveau für BTM-Delikte: $p < 0,05$; 18 Zellen (90,0%) haben eine erwartete Häufigkeit kleiner als 5. ansonsten: nicht signifikant

Insbesondere bei den BTM- und Gewaltdelikten ist zu erkennen, dass sich der Anteil der Gefangenen, bei denen das Absehen von der weiteren Vollstreckung bis zum Ablauf der Hälfte der Gesamtverbüßungszeit wirksam werden sollte, mit der zunehmenden Länge der verhängten Strafe konstant vermindert. Gerade aber die besonders langen Strafen beanspruchen die Haftplatzkapazität, so dass hier ein frühzeitiger Vollstreckungsverzicht zweckmäßig gewesen wäre.

3.7. Das Verhältnis zwischen einer Maßnahme nach § 456a Abs.1 StPO und der Abschiebepraxis der Ausländerbehörden

Das Absehen von der weiteren Vollstreckung gemäß § 456a StPO eröffnet die Möglichkeit, den ausgewiesenen ausländischen Gefangenen frühzeitig aus Deutschland abzuschieben. Von daher erscheint es konsequent, dass ein hoher Anteil der ausgewiesenen ausländischen Gefangenen, bei denen gemäß § 456a StPO von der weiteren Vollstreckung der Freiheitsstrafe abgesehen wurde, bis zum Erhebungszeitpunkt bereits aus der Haft heraus abgeschoben wurde. Die Abschiebung aus der Haft heraus ist zweckentsprechend, da ansonsten die Gefahr bestünde, dass sich der Vollstreckungsverzicht in dem bloßen Tausch der Strafhaft gegen die Abschiebehaft erschöpft.

Tabelle 100: Abschiebung der Gefangenen

		Abschiebung		Gesamt
		nein	ja	
von der weiteren Vollstreckung abgesehen	nein	9 81,8%	2 18,2%	11 100,0%
	ja	4 5,6%	67 94,4%	71 100,0%
Gesamt		13 16,0%	69 84,0%	82 100,0%

Signifikanzniveau: $p < 0,05$
1 Zelle (25,0%) hat eine erwartete Häufigkeit kleiner als 5.

94,4% der ausländischen Gefangenen, bei denen eine Maßnahme nach § 456a StPO erfolgte, wurden bis zum Erhebungszeitpunkt aus der Haft heraus abgeschoben.

Tabelle 101: Zeitpunkt der Abschiebung der Gefangenen

Haftphase	Anzahl	Prozent	Kumulierte Prozent
bis zu 1/2	33	47,9%	47,9%
bis zu 2/3	27	39,1%	87,0%
bis Strafende	9	13,0%	100%
Gesamt	69	100%	

Insgesamt wurde der größte Anteil (87%) der ausländischen Gefangenen bis zum Ablauf von 2/3 der Gesamtverbüßungszeit aus Deutschland abgeschoben.

Der Vergleich des Zeitpunktes der Abschiebung mit dem Zeitpunkt, zu dem die Maßnahme nach § 456a StPO entsprechend der staatsanwaltschaftlichen Verfügung wirksam werden sollte, lässt eine weitgehende Übereinstimmung der Daten erkennen.

Tabelle 102: Relation zwischen dem Zeitpunkt des Wirksamwerdens der Maßnahme nach § 456a StPO und dem Zeitpunkt der Abschiebung der Gefangenen

		Zeitpunkt der Abschiebung				Gesamt
		Bis zu 1/2	Bis zu 2/3	Bis Strafende	unklar	
Zeitpunkt des Wirksamwerdens der Maßnahme nach § 456a StPO	Bis zu 1/2	29 87,9%	3 9,1%		1 3,0%	33 100,0%
	Bis zu 2/3		13 100,0%			13 100,0%
	Bis Strafende			3 75,0%	1 25,0%	4 100,0%
	Zeitpunkt der Übergabe	4 19,0%	11 52,4%	6 28,6%		21 100,0%
Gesamt		33 45,1%	27 36,6%	9 12,7%	2 5,6%	71 100,0%

Signifikanzniveau $p < 0,05$
11 Zellen (68,8%) haben eine erwartete Häufigkeit kleiner als 5.

Von den Gefangenen, bei denen das Absehen von der weiteren Vollstreckung bis zum Ablauf der Hälfte der Gesamtverbüßungszeit wirksam werden sollte, wurden 87,9% bis zu diesem Zeitpunkt abgeschoben. Zeitgleich erfolgte die Abschiebung in sämtlichen Fällen, in denen der Wirksamkeitszeitpunkt bis zum Ablauf von 2/3 der Gesamtverbüßungszeit bestimmt wurde. Bei den Gefangenen, bei denen die Wirksamkeit des Vorgehens bis zum Strafende verfügt wurde, kam es in 75% (n.3) der Fälle in dem genannten Zeitraum zur Abschiebung.

Somit hat sich, sofern die Staatsanwaltschaft in ihrer Verfügung einen Zeitpunkt für das Wirksamwerden des Vollstreckungsverzichts angeordnet hatte, die Abschiebung des Gefangenen in der Regel nicht im Rahmen des ausländerbehördlichen Verfahrens verzögert.

3. Teil - Zusammenfassung und Bewertung der Untersuchungsergebnisse

Der Umgang mit straffällig gewordenen Ausländern ist derzeit von einer Mischung strafrechtlicher und ausländerrechtlicher Gesichtspunkte und Interventionen gekennzeichnet. Das Nebeneinander von strafrechtlichen und ausländerrechtlichen Komponenten führt dazu, dass die Situation der ausländischen Gefangenen im Strafvollzug verschärft wird. Diese Verschärfungen bestehen insbesondere darin, dass ausländische Gefangene besonderen Restriktionen unterworfen werden, indem ihre Partizipationschancen an Vollzugslockerungen und an Urlaub aus der Haft begrenzt sind und sie nur eingeschränkt die Möglichkeit erhalten, an Maßnahmen der Ausbildung und der Weiterbildung teilzunehmen, was zu spürbaren Benachteiligungen gegenüber den deutschen Mitinhaftierten führt. Auslöser dieser Situation ist das Dilemma der Vollzugsbehörden, ohne Kenntnis der zukünftigen Entscheidung der Ausländerbehörde eine sinnvolle, an Behandlungsgesichtspunkten orientierte Vollzugsplanung nicht vornehmen zu können, so dass die betreffenden ausländischen Gefangenen über einen längeren Zeitraum mehr verwahrt als im Sinne der Vorschriften des StVollzG resozialisiert werden.

In welchem Ausmaß sich dieser Konflikt in der praktischen Durchführung des Strafvollzugs widerspiegelt, wurde vorliegend einer empirischen Überprüfung unterzogen. Dabei war von besonderem Interesse, inwieweit eine unterschiedliche Behandlung der ausländischen zu den deutschen Gefangenen zu erkennen war. In diesem Zusammenhang sollte auch untersucht werden, in welchem Ausmaß sich die rechtlichen Rahmenbedingungen bei ausländischen Gefangenen auf die Gestaltungsmöglichkeiten des Strafvollzugs ausgewirkt haben. Ferner sollten Erkenntnisse zur Anwendungspraxis der empirisch noch nicht näher untersuchten Vorschrift des § 456a StPO gewonnen werden. Dabei stand die Frage im Mittelpunkt, bei wie vielen der ausländischen Gefangenen, die für ein solches Vorgehen in Betracht kamen, tatsächlich von der weiteren Vollstreckung der Freiheitsstrafe abgesehen wurde und zu welchem Zeitpunkt der Haftverbüßung das Absehen von der weiteren Vollstreckung wirksam wurde.

Als geeignete Erhebungsmethode erwies sich die Analyse von Gefangenenpersonalakten, die eine relativ zuverlässige Ermittlung von Daten zum Vollzugsverlauf, zur Haftentlassung und zu den soziobiographischen Daten der Gefangenen ermöglichte. Die Stichprobe von insgesamt jeweils 100 deutschen und ausländischen männlichen Gefangenen im geschlossenen Vollzug der Freiheitsstrafe setzte sich nach dem Zufallsprinzip zusammen. Die Untersuchung wurde ausschließlich in Nordrhein-Westfalen durchgeführt. Aufgrund des vergleichsweise hohen Ausländeranteils wurden zur Stichprobenbildung die Vollzugsanstalten Aachen, Geldern und Remscheid ausgewählt. Es handelte sich überwiegend um bereits abgeschlossene Verfahren. Herangezogen wurden die Akten von Gefangenen, die eine Freiheitsstrafe von mindestens 15 Monaten verbüßten.

I. Sozio- und legalbiographische Befunde

Im Rahmen der Darstellung der Untersuchungsergebnisse konnte als erstes die Stichprobe mit Hilfe zentraler sozio- und legalbiographischer Daten der Gefangenen beschrieben werden. Hierbei wurde zunächst die ausländische Gefangenengruppe unter Bezugnahme auf rein ausländerspezifische Merkmale näher definiert. Danach erfolgte die Darstellung allgemeiner sozio- und legalbiographischer Daten jeweils im Vergleich zu den deutschen und anschließend im Vergleich der türkischen zu den sonstigen ausländischen Gefangenen. Eine Unterteilung in türkische und sonstige ausländische Gefangene bot sich an, da der Anteil der Gefangenen türkischer Staatsangehörigkeit mit 48% (n.48) annähernd die Hälfte der ausländischen Gefangenengruppe ausmachte.

1. Merkmale der ausländischen Gefangenengruppe

Von den 48 türkischen Gefangenen waren 21% (n.10) kurdischer Herkunft. Ein mit 8% sehr geringer Anteil der ausländischen Gefangenen war (ex-) jugoslawischer Staatsangehörigkeit.

Mit dem auffallend geringen Anteil von lediglich 7% (Türken n.4 - sonstige Ausländer n.3) der in Deutschland geborenen ausländischen Gefangenen waren insgesamt 41% der ausländischen Gefangenen in Deutschland aufgewachsen, wobei der Anteil der türkischen Gefangenen mit 52,1% deutlich über dem entsprechenden Anteil der sonstigen ausländischen Gefangenen von 30,8% lag. Diesen Daten entsprechend verfügten 52,1% der türkischen gegenüber 30,8% der sonstigen ausländischen Gefangenen über gute bis sehr gute Sprachkenntnisse (Ausländer insgesamt 41%).

Die aufenthaltsrechtliche Situation stellte sich bei den türkischen Gefangenen besser dar als bei den sonstigen ausländischen Gefangenen. Mehr als die Hälfte (54,2% n.26) der türkischen Gefangenen gegenüber 21,2% (n.11) der sonstigen ausländischen Gefangenen waren vor ihrer Inhaftierung in Deutschland wohnhaft und im Besitz einer Aufenthaltserlaubnis, wohingegen sich 19,2% (n.10) der sonstigen ausländischen und 4,2% (n.2) der türkischen Gefangenen vor ihrer Inhaftierung illegal in Deutschland aufgehalten hatten. Bei 17,3% (n.9) der sonstigen ausländischen und 6,3% (n.3) der türkischen Gefangenen handelte es sich um abgelehnte Asylbewerber. Ein Viertel der ausländischen Gefangenen war lediglich zum Zwecke der Tatbegehung nach Deutschland eingereist (Türken 18,7% - sonstige Ausländer 30,8%).

2. Allgemeine Sozialdaten der Gefangenengruppen

Hinsichtlich der Altersstruktur waren weitgehende Ähnlichkeiten im Vergleich der deutschen zu den ausländischen Gefangenen festzustellen, wobei etwas mehr als die Hälfte (54%) aller Gefangenen zwischen 30 - 40 Jahre alt waren.[148] Im Vergleich der drei Gefangenengruppen stellten die türkischen Gefangenen die jüngste Gefangenengruppe dar. Vor allem die Altersgruppe zwischen 25 - 30 Jahren war bei den türkischen Gefangenen mit 18,8% am häufigsten vertreten (Deutsche 12% - sonstige Ausländer 5,8%)

Die türkischen Gefangenen waren von den drei Gefangenengruppen zudem am häufigsten in familiäre Strukturen eingebunden. Etwas mehr als die Hälfte (52,1%) der türkischen Gefangenen war zum Zeitpunkt ihrer Inhaftierung verheiratet, während dies von den sonstigen ausländischen Gefangenen ein Viertel und von den deutschen Gefangenen 13% waren.

Die Wohnverhältnisse erwiesen sich bei den deutschen Gefangenen als am gefestigtesten, wobei die Daten keine nennenswerten Unterschiede zur Wohnsituation der türkischen Gefangenen erkennen ließen, während sich die Wohnsituation der sonstigen ausländischen Gefangenen als weniger günstig zeigte. So wohnten beispielsweise 48% der deutschen gegenüber 43,8% der türkischen und lediglich 26,9% der sonstigen ausländischen Gefangenen vor ihrer Inhaftierung in einer Mietwohnung. 13,5% (n.7) der sonstigen ausländischen und 4,2% (n.2) der türkischen Gefangenen lebten vor ihrer Inhaftierung in einem Asylbewerberheim.

Die Daten zur schulischen Bildung der Gefangenen ließen erkennen, dass die deutschen Gefangenen bei den niedrigeren Abschlüssen dominierten, wohingegen die ausländischen Gefangenen bei den höheren Abschlüssen häufiger vertreten waren. Knapp die Hälfte (49%) der deutschen gegenüber 20% der ausländischen Gefangenen verfügte vor ihrer Inhaftierung über einen Hauptschulabschluss. 6% der ausländischen und 2% der deutschen Gefangenen besaßen die Hochschulreife. Innerhalb der ausländischen Gefangenengruppe waren hinsichtlich der schulischen Bildung keine nennenswerten Unterschiede festzustellen.

Im Hinblick auf die berufliche Ausbildung waren nur unwesentliche Unterschiede zwischen den drei Gefangenengruppen zu verzeichnen. 56% der deutschen und 56,3% der türkischen sowie 59,6% der sonstigen ausländischen Gefangenen hatten vor ihrer Inhaftierung keine Berufsausbildung. Einen Anlernberuf oder einen Lehrabschluss besaßen 42% der deutschen und 39,6% der türkischen sowie 36,5% der sonstigen ausländischen Gefangenen. Über einen Hochschulabschluss verfügten 2% der deutschen und 1% der ausländischen Gefangenen.

---

[148] Bundesweit waren die Gefangenen insgesamt jünger als die Gefangenen der Stichprobe.

3. Legalbiographische Daten der Gefangenengruppen

Die Untersuchung der Legalbiographie ergab bei den deutschen Gefangenen eine vielfältige Belastung. Lediglich 18% der deutschen Gefangenen waren vor ihrer Inhaftierung nicht vorbestraft. Der entsprechende Anteil von 45% bei den ausländischen Gefangenen ist insoweit kaum vergleichbar, als die Daten nur die in Deutschland abgeurteilten Taten umfassen und insbesondere bei denjenigen Gefangenen, die nicht in Deutschland aufgewachsen sind, nicht auszuschließen ist, dass diese bereits in ihrem Herkunftsland aufgefallen und verurteilt worden waren. Daneben sind auch andere Verhältnisse im Herkunftsland zu berücksichtigen. Der mit zusammengerechnet 45% höchste Anteil der deutschen Gefangenen war aufgrund von Gewaltdelikten inhaftiert, während bei den ausländischen Gefangenen die BTM-Delikte am häufigsten vertreten waren (54%), wobei auf die türkischen Gefangenen der größte Anteil entfiel (62,5% - sonstige Ausländer 46,2%).

Im Rahmen der einzelnen Deliktsgruppen wurden die ausländischen Gefangenen durchschnittlich zu höheren Freiheitsstrafen verurteilt als die deutschen Gefangenen. So wurden im Rahmen der BTM-Delikte zusammengerechnet 73,3% (n.22) der türkischen gegenüber 20,8% (n.5) der sonstigen ausländischen und 9,1% (n.2) der deutschen Gefangenen zu einer Freiheitsstrafe von mehr als 4 Jahren verurteilt.

Die Befunde ließen somit ein doppeltes Bild erkennen. Während sich insbesondere bei den türkischen Gefangenen die soziale Situation im Hinblick auf die familiäre Einbindung günstiger darstellte als bei den deutschen Gefangenen, bzw. sich die Sozialdaten hinsichtlich der Wohnsituation und der beruflichen Bildung der beiden genannten Probandengruppen in vielfacher Hinsicht entsprachen, waren im Rahmen der jeweiligen Deliktsstruktur in bezug auf die Höhe der verhängten Strafen deutliche Unterschiede zwischen den Gefangenengruppen zum Nachteil der türkischen Gefangenen festzustellen.

II. Angaben zur praktischen Vollzugsgestaltung

Die zur praktischen Gestaltung des Strafvollzugs erhobenen Daten geben Auskunft darüber, in welchem Umfang die ausländischen Gefangenen in das Behandlungsprogramm des Strafvollzugs einbezogen worden sind. Im Zusammenhang mit der Vollzugsplanung sollte zudem ein Einblick in die ausländerbehördliche Entscheidungspraxis gewonnen werden. Die Daten ließen im Ergebnis erkennen, dass die ausländischen Gefangenen erwartungsgemäß weitaus weniger in das Behandlungsprogramm des Strafvollzugs einbezogen wurden als die deutschen Gefangenen, wobei teilweise eine bessere Situation der türkischen gegenüber den sonstigen ausländischen Gefangenen festzustellen war.

1. Vollzugsplanung

Im Hinblick auf die Vollzugsplanung kam es bei 75% der Gefangenen bereits zu einem frühen Zeitpunkt der Haftverbüßung - bis zum Ablauf von 1/3 der Gesamtverbüßungszeit - zum ersten Kontakt zwischen Ausländer- und Vollzugsbehörde. Dennoch war die ausländerrechtliche Situation zu diesem Zeitpunkt in der Regel noch ungeklärt, da dem ersten Kontakt häufig (56%) nur die Mitteilung der Ausländerbehörde über beabsichtigte ausländerrechtliche Maßnahmen zugrunde lag. Bei nur 16% der Gefangenen bestand der erste Kontakt sogleich in dem Zugang einer ausländerbehördlichen Verfügung. In 12% der Fälle wurde die Ausländerbehörde nicht von sich aus tätig, sondern der Kontakt wurde von der Vollzugsbehörde mit der Bitte um die Mitteilung der ausländerrechtlichen Entscheidung hergestellt.

Im Verlauf der Haft verfügten die Ausländerbehörden gegenüber 84% der ausländischen Gefangenen eine Ausweisung, bei 73% der Gefangenen erfolgte zeitgleich die Androhung der Abschiebung. In 3% der Fälle wurde explizit von der Ausweisung des Gefangenen abgesehen. Bei lediglich 46% der ausländischen Gefangenen erhielt die Vollzugsbehörde bis zum Ablauf von 1/3 der Gesamtverbüßungszeit Kenntnis von der Entscheidung der Ausländerbehörde über die (Nicht-) Ausweisung des Gefangenen.

Die dementsprechend zu Strafbeginn vielfach noch ungeklärte ausländerrechtliche Situation könnte als Erklärung dafür herangezogen werden, dass bei 9% der ausländischen gegenüber nur 2% der deutschen Gefangenen ein Vollzugsplan ohne eine konkrete Angabe von Gründen in der Akte nicht zu finden war (insgesamt lag bei 13% der ausländischen und 3% der deutschen Gefangenen ein Vollzugsplan nicht vor). Hier lässt sich vermuten, dass bei denjenigen ausländischen Gefangenen, die zu einer Strafe von lediglich 15 Monaten oder unwesentlich darüber verurteilt worden waren (22,2% n.2), aufgrund der dadurch zu erwartenden Vollzugsdauer von unter einem Jahr von der gemäß § 6 Abs.1 S.2 StVollzG in das Ermessen der Vollzugsbehörde gestellten Behandlungsuntersuchung und somit von dem auf dieser Grundlage zu erstellenden Vollzugsplan abgesehen worden ist. Im Rahmen der Ermessensausübung dürfte die unklare ausländerrechtliche Situation eine Rolle gespielt haben.

Von den verbleibenden 7 ausländischen Gefangenen, bei denen ohne eine konkrete Angabe von Gründen von der Erstellung eines Vollzugsplans abgesehen wurde, wurden 5 zu einer Freiheitsstrafe von mehr als drei Jahren verurteilt. Somit lagen die Voraussetzungen für eine zwingende Ausweisung nach § 47 Abs.1 Nr.1 AuslG vor. Insofern wird die Vollzugsbehörde - sofern dies unter Berücksichtigung des eingeschränkten Ausweisungsschutzes möglich war - auch in den Fällen, in denen sie erst zu einem späteren Zeitpunkt von der Ausweisung des Gefangenen wusste, aufgrund der zu erwartenden Ausweisung bzw. Abschiebung von der Vollzugsplanung abgesehen haben. Dies erscheint angesichts der generellen Verpflichtung, den Vollzugsplan als Orientierungsrahmen für den Ablauf des Vollzugs zu erstellen, sehr fragwürdig, zumal die ausländerrechtliche Situation bei den entsprechenden Gefangenen faktisch geklärt gewesen sein dürfte.

2. Offener Vollzug/ Vollzugslockerungen/ Urlaub aus der Haft

Die ausländischen Gefangenen wurden weitgehend von der Unterbringung im/ gleich dem offenen Vollzug sowie der Gewährung von Vollzugslockerungen und Hafturlaub ausgenommen. Lediglich 10% der ausländischen gegenüber 28% der deutschen Gefangenen sollten im Verlauf der Haft in den offenen Vollzug verlegt oder mit diesem gleichgestellt werden. 11% bzw. 18% der ausländischen gegenüber 22% bzw. 58% der deutschen Gefangenen erhielten Ausführung/ Ausgang bzw. Hafturlaub.

Dabei war teilweise eine geringfügige Besserstellung der türkischen gegenüber den sonstigen ausländischen Gefangenen festzustellen. Bei 14,6% (n.7) der türkischen und 5,8% (n.3) der sonstigen ausländischen Gefangenen war eine Verlegung in den/ Gleichstellung mit dem offenen Vollzug geplant. 10,4% (n.5) bzw. 20,8% (n.10) der türkischen und 11,5% (n.6) bzw. 15,4% (n.8) der sonstigen ausländischen Gefangenen bekamen Ausführung/ Ausgang bzw. Hafturlaub.

Vor allem die Tatsache einer bereits verfügten Ausweisung wirkte sich erwartungsgemäß ungünstig auf die Durchführung entsprechender Maßnahmen aus. Lediglich 9,5% (n.8) der ausgewiesenen Gefangenen sollten in den offenen Vollzug verlegt oder diesem gleichgestellt werden. Ebenfalls 9,5% (n.8) bzw. 14,3% (n.12) der ausgewiesenen Gefangenen hatten Ausführung/ Ausgang bzw. Hafturlaub, wohingegen den nicht ausgewiesenen Gefangenen zu 25% (n.3) bzw. 50% (n.6) Ausgang/ Ausführung bzw. Hafturlaub gewährt wurde. Da die zuletzt genannten Anteile weitgehend mit den entsprechenden Anteilen der deutschen Gefangenen (Ausführung/ Ausgang 22% - Beurlaubung 58%) übereinstimmen, machten die Vollzugsbehörden von ihren Handlungsfreiräumen bei einem erst anhängigen Ausweisungsverfahren Gebrauch. Bei der Unterbringung im/ gleich dem offenen Vollzug schien sich demgegenüber auch die unklare ausländerrechtliche Situation infolge von Untätigkeit der Ausländerbehörde - ein Ausweisungsverfahren war teilweise noch nicht anhängig - nachteilig ausgewirkt zu haben. Diese Ergebnisse dürfen jedoch aufgrund der sehr geringen Zahlen nicht überbewertet werden.

Bei den ausgewiesenen Gefangenen wirkte es sich positiv sowohl auf die „ausnahmsweise" Unterbringung im/ gleich dem offenen Vollzug als auch auf die Gewährung von Vollzugslockerungen und Hafturlaub aus, wenn die Vollzugsbehörde frühzeitig in Kenntnis von der Ausweisungsverfügung gesetzt wurde. Bei 62,5% (n.5) der ausgewiesenen Gefangenen, die in den offenen Vollzug verlegt bzw. diesem gleichgestellt wurden, wusste die Vollzugsbehörde bis zum Ablauf von 1/3 der Gesamtverbüßungszeit von der Ausweisung des Gefangenen. Bei 62,5% (n.5) bzw. 75% (n.9) der ausgewiesenen Gefangenen, die Ausführung/ Ausgang bzw. Hafturlaub bekamen, kannte die Vollzugsbehörde die ausländerbehördliche Entscheidung bis zum Ablauf von 1/3 der Gesamtverbüßungszeit.

Als einen ebenfalls eindeutig begünstigenden Faktor im Hinblick auf die genannten Behandlungsmaßnahmen stellte sich die Sozialisation der Gefangenen in Deutschland dar. Es bestand ein signifikanter Zusammenhang zwischen der Aufenthaltsdauer in Deutschland und der Unterbringung im oder gleich dem offenen Vollzug. 90% (n.9) der Gefangenen, die im/ gleich dem offenen Vollzug untergebracht werden sollten, wurden in Deutschland geboren oder sind hier aufgewachsen. Korrespondierend sollten von den Gefangenen, die in Deutschland geboren wurden oder hier aufgewachsen sind, 22% (n.9) in den offenen Vollzug verlegt oder diesem gleichgestellt werden (zum Vergleich: Deutsche 28%). Gegenüber 77,8% (n.7) dieser Gefangenen wurde eine Ausweisung verfügt. Bei den ausländischen Gefangenen, die in Deutschland geboren wurden oder hier aufgewachsen sind, wirkte sich die Ausweisung somit kaum nachteilig auf die Unterbringung im oder gleich dem offenen Vollzug aus.

Von den ausländischen Gefangenen, die Ausführung/ Ausgang bzw. Hafturlaub erhielten, wurden 63,6% (n.7) bzw. 72,2% (n.13) in Deutschland geboren oder sind hier aufgewachsen. Bei den entsprechenden ausgewiesenen ausländischen Gefangenen lagen die Anteile mit 75% (n.6) bzw. 83,3% (n.10) noch etwas höher. Spiegelbildlich hatten von den ausgewiesenen ausländischen Gefangenen, die in Deutschland geboren wurden oder hier aufgewachsen sind, 18,2% (n.6) Ausführung/ Ausgang und 30,3% (n.10) Hafturlaub, wobei ein signifikanter Zusammenhang zwischen der Aufenthaltsdauer und der Beurlaubung festzustellen war.

Sowohl hinsichtlich der Verlegung in den/ Gleichstellung mit dem offenen Vollzug als auch bei der Gewährung von Vollzugslockerungen und Hafturlaub stand bei den ausländischen Gefangenen annähernd jede zweite Begründung im Rahmen einer ablehnenden Entscheidung in direktem Zusammenhang mit der ausländerrechtlichen Situation. Am häufigsten wurden die unklare ausländerrechtliche Situation (Unterbringung im/ gleich dem offenen Vollzug 22,2% - Gewährung von Vollzugslockerungen, Hafturlaub 27,1%) sowie zu erwartende bzw. angedrohte ausländerrechtliche Maßnahmen (Unterbringung im/ gleich dem offenen Vollzug 18,8% - Gewährung von Vollzugslockerungen, Hafturlaub 21,1%) genannt. Eine zügige ausländerrechtliche Klärung erscheint somit angebracht.

3. Aus- und Weiterbildungsmaßnahmen

Benachteiligungen der ausländischen Gefangenen waren auch im Hinblick auf deren Teilnahme an Maßnahmen der Aus- und Weiterbildung festzustellen. Jeweils 8% der ausländischen und 14% bzw. 22% der deutschen Gefangenen nahmen an einem schulischen Liftkurs bzw. an einem Ausbildungslehrgang teil, obwohl das grundsätzliche Interesse der ausländischen Gefangenen, an Bildungsmaßnahmen teilzunehmen, nicht geringer war als das der deutschen Gefangenen. Jeweils etwa ein Viertel (Ausländer 25% - Deutsche 25%) der Gefangenengruppen stellte im Verlauf der Haft einen entsprechenden Antrag. Da für weitergehende Bildungsmaßnahmen deutsche Sprachkenntnisse vorausgesetzt werden, wurde ein Deutschkurs für Ausländer in diese Berechnung miteinbezogen.

Auch hinsichtlich der Teilnahme an Bildungsmaßnahmen war zu erkennen, dass die Benachteiligung der ausländischen Gefangenen eine Konsequenz der ausländerrechtlichen Situation darstellte, wobei die Daten angesichts der sehr geringen Zahlen nicht überbewertet werden dürfen. Von den ausländischen Gefangenen, die nicht ausgewiesen wurden, nahmen 21,4% (n.3) bzw. 14,3% (n.2) an einem schulischen Liftkurs bzw. an einem Ausbildungslehrgang teil. Von den ausländischen Gefangenen, denen gegenüber eine Ausweisung verfügt wurde, nahmen dagegen lediglich 6% (n.5) an einem schulischen Liftkurs und 7,1% (n.6) an einem Ausbildungslehrgang teil.

Auch hier konnte festgestellt werden, dass die Aufenthaltsdauer der ausländischen Gefangenen in Deutschland im Hinblick auf deren Teilnahme an Bildungsmaßnahmen einen begünstigenden Faktor darstellte. Sämtliche der ausländischen Teilnehmer an einem schulischen Liftkurs (n.8) und 87,5% (n.7) der ausländischen Gefangenen, die einen Ausbildungslehrgang belegten, wurden in Deutschland geboren oder sind hier aufgewachsen. Ebenfalls sämtliche Teilnehmer an den genannten Maßnahmen hatten vor der Inhaftierung ihren festen Aufenthalt in Deutschland. Bei dem hohen Anteil der an Fortbildungsmaßnahmen partizipierenden ausländischen Gefangenen, die sich vor ihrer Inhaftierung bereits länger in Deutschland aufgehalten hatten, könnte der Umstand eine Rolle gespielt haben, dass für die Teilnahme an Aus- und Weiterbildungsmaßnahmen gewisse deutsche Sprachkenntnisse notwendig sind. Diese wird ein ausländischer Gefangener ohne vorherigen längeren Aufenthalt in Deutschland in der Regel jedoch nicht haben. Dementsprechend verfügten sämtliche Gefangene (n.8), die einen schulischen Liftkurs belegten und 62,5% (n.5) der Teilnehmer an einem Ausbildungslehrgang über gute bis sehr gute deutsche Sprachkenntnisse.

Obwohl 70,7% (n.29) der ausländischen Gefangenen, die in Deutschland geboren wurden oder aufgewachsen sind, vor ihrer Inhaftierung keine berufliche Ausbildung abgeschlossen hatten, nahmen lediglich 13,8% (n.7) dieser

Gefangenen an einem Ausbildungslehrgang teil. Dieser Anteil muss als sehr gering erscheinen. Gerade bei denjenigen Gefangenen, die vor der Inhaftierung ihren Lebensmittelpunkt in Deutschland hatten und die somit im Falle ihrer Ausweisung mit der Abschiebung in ein ihnen vermutlich weitgehend fremdes Land zu rechnen haben, ist es besonderes wichtig, dass während des Vollzugs eine berufliche Grundlage geschaffen wird, auf der die betreffenden Gefangenen ihre künftige Existenz im „Heimatland" aufbauen können.

Insgesamt stellte sich die schulische und berufliche Situation im Rahmen der Teilnahme an Maßnahmen der Aus- und Weiterbildung bei den ausländischen Gefangenen besser dar als bei den deutschen Gefangenen. Von den Teilnehmern an einem schulischen Liftkurs bzw. an einem Ausbildungslehrgang hatten 21,4% (n.3) bzw. 18,2% (n.4) der deutschen und jeweils 12,5% (n.1) der ausländischen Gefangenen keinen Schulabschluss. Keine Berufsausbildung hatten von den Teilnehmern an einem schulischen Liftkurs bzw. an einem Ausbildungslehrgang 78,6% (n.11) bzw. 63,6% (n.14) der deutschen und 62,5% (n.5) bzw. 50% (n.4) der ausländischen Gefangenen. Insoweit lässt sich vermuten, dass die Teilnahme ausländischer Gefangener an Bildungsmaßnahmen bereits eine gewisse „Vorbildung" voraussetzt, was eine zusätzliche Benachteiligung ausländischer Gefangener darstellt. Bezüglich der Aussagekraft dieser Daten ist auf die geringen Zahlen hinzuweisen.

Hinsichtlich der Teilnahme an Maßnahmen der Aus- und Weiterbildung stand jede fünfte Ablehnungsbegründung in direktem Zusammenhang mit der ausländerrechtlichen Situation, wobei die unklare ausländerrechtliche Situation (15,4% n.6) sowie die verfügte Abschiebung (5,1% n.2) angeführt wurden. Durch diese Daten wird die Notwendigkeit einer schnellen ausländerbehördlichen Entscheidung bestätigt.

III. Erkenntnisse zur Haftentlassung

Mit den zur Haftentlassung erhobenen Daten sollte aufgeklärt werden, nach welchem Anteil der Gesamtverbüßungszeit und unter Anwendung welcher Vorschrift die Gefangenen aus der Haft entlassen wurden. Bei den ausländischen Gefangenen war die Anwendungspraxis des § 456a StPO von besonderem Interesse.

Ungeachtet des konkreten Zeitpunktes der Haftentlassung wurden insgesamt annähernd doppelt so viele ausländische Gefangene (85%) vor dem Ende der Strafzeit entlassen wie deutsche (43%). Dieser hohe Prozentsatz bei den ausländischen Gefangenen ist darauf zurückzuführen, dass von diesen 69% im Rahmen einer Maßnahme nach § 456a StPO vorzeitig entlassen wurden. Aus diesem Grund ist es verfehlt, insoweit von einer „Besserstellung" der ausländischen gegenüber den deutschen Gefangenen zu sprechen. Insbesondere bei denjenigen ausländischen Gefangenen, die vor der Inhaftierung ihren ständigen Aufenthalt in Deutschland hatten, ist davon auszugehen, dass diese zwar ein Absehen von der weiteren Vollstreckung, wohl aber nicht die daraus resultierende Abschiebung als vorteilhaft empfunden haben werden. Im Einzelnen wurden 33% der ausländischen gegenüber 1% der deutschen Gefangenen bereits bis zum Ablauf der Hälfte und zusammengerechnet 69% der ausländischen gegenüber 33% der deutschen Gefangenen bis zum Ablauf von 2/3 der Gesamtverbüßungszeit aus der Haft entlassen. Bei den bis zum Ablauf der Hälfte der Gesamtverbüßungszeit entlassenen ausländischen Gefangenen erfolgte sämtlich eine Maßnahme nach § 456a StPO.

1. Strafrestaussetzung zur Bewährung gemäß § 57 Abs.1 StGB

Im Hinblick auf die Strafrestaussetzung zur Bewährung gemäß § 57 Abs.1 StGB war eine nicht ganz unwesentliche Benachteiligung der ausländischen gegenüber den deutschen Gefangenen, aber auch der sonstigen ausländischen gegenüber den türkischen Gefangenen festzustellen. Bei 47% der ausländischen gegenüber 86% der deutschen Gefangenen wurde eine Entscheidung über die Aussetzung des Strafrestes zur Bewährung getroffen. Dieser geringe Anteil bei den ausländischen Gefangenen ist in erster Linie darauf zurückzuführen, dass 45% der ausländischen Gefangenen bis zum Ablauf von 2/3 der Gesamtverbüßungszeit im Rahmen eines Vorgehens nach § 456a StPO aus der Haft heraus abgeschoben wurden, so dass eine Entscheidung zum 2/3-Zeitpunkt nicht mehr möglich war.

Bei lediglich 34% der ausländischen gegenüber 50% der deutschen Gefangenen, bei denen eine Entscheidung nach § 57 Abs.1 StGB getroffen wurde, wurde der Strafrest zur Bewährung ausgesetzt, wobei sich der Anteil der türkischen Gefangenen, die vorzeitig entlassen wurden, mit 45,5% (n.10) deutlich dem entsprechenden Anteil der deutschen Gefangenen von 50% annäherte (sonstige Ausländer 24% n.6).

In 83,3% der Fälle, in denen eine Entscheidung nach § 57 Abs.1 StGB getroffen wurde und in denen der Strafrest nicht zur Bewährung ausgesetzt wurde, sah die Staatsanwaltschaft im weiteren Verlauf der Haft gemäß § 456a StPO von der weiteren Vollstreckung der Freiheitsstrafe ab. Insoweit erschien die Vorschrift des § 456a StPO als ein „Auffangtatbestand" zu § 57 Abs.1 StGB.

Von den nach § 57 Abs.1 StGB vorzeitig aus der Haft entlassenen ausländischen Gefangenen wurden 68% (n.11) bereits in Deutschland geboren oder sind hier aufgewachsen. Dieser hohe Prozentsatz ist vermutlich darauf zurückführen, dass sich die nach der Haftentlassung zu erwartenden Lebensverhältnisse der Gefangenen, die bereits in Deutschland geborenen wurden oder aufgewachsenen sind, günstiger dargestellt haben als bei denjenigen ausländischen Gefangen, die erst später nach Deutschland eingereist waren.

Dass die Benachteiligung der ausländischen Gefangenen hinsichtlich einer vorzeitigen Entlassung in Zusammenhang mit der ausländerrechtlichen Situation stand, zeigte sich an den Ablehnungsbegründungen. Bei jeder achten (7,6) Begründung im Rahmen einer ablehnenden Entscheidung wurde auf diese verwiesen. Die Vollstreckungskammern nannten die unklare ausländerrechtliche Situation (16,1% n.5) sowie die verfügte Ausweisung bzw. Abschiebung (jeweils 13% n.4). Diese Begründungen erscheinen bedenklich, da die Entscheidung über die Strafrestaussetzung nicht vom Vorliegen einer rechtskräftigen Ausweisungsverfügung oder der unklaren ausländerrechtlichen Situation abhängig gemacht werden darf. Aufgrund der geringen Zahlen sollten jedoch keine Schlussfolgerungen gezogen werden.

2. Absehen von der weiteren Vollstreckung gemäß § 456a Abs.1 StPO

Für eine Maßnahme nach § 456a StPO kamen insgesamt 84% der ausländischen Gefangenen in Betracht. Zusammengerechnet 12% der Gefangenen waren für eine Maßnahme nach § 456a StPO deswegen nicht in Erwägung zu ziehen, weil die tatbestandlich vorausgesetzte Ausweisung (noch) nicht verfügt war (n.9) oder weil explizit von der Ausweisung des Gefangenen abgesehen wurde (n.3). 4% der Gefangenen waren aufgrund sonstiger Umstände nicht geeignet.

Von den 12 Gefangenen, bei denen eine Maßnahme nach § 456a StPO aus dem Grund nicht erfolgen konnte, weil eine Ausweisung (noch) nicht verfügt war oder weil explizit von der Ausweisung des Gefangenen abgesehen wurde, waren 83,3% (n.10) zu einer Kurzstrafe von unter 2 Jahren verurteilt worden. In diesen Fällen stand die Ausweisung des Gefangenen gemäß § 45 AuslG i.V.m. § 46 Nr.2 AuslG im pflichtgemäßen Ermessen der zuständigen Ausländerbehörde. Die entsprechenden Gefangenen hatten sämtlich vor der Inhaftierung ihren festen Aufenthalt in Deutschland und 66,7% (n.8) davon wurden bereits in Deutschland geboren oder waren hier aufgewachsen. Insofern kann davon ausgegangen werden, dass bei den Gefangenen, die explizit nicht ausgewiesen wurden (n.3), die soziale Bindung an Deutschland entsprechend den Vorgaben des § 45 Abs.2 AuslG ausschlaggebend im Rahmen der Ermessensausübung gewesen ist. In den Fällen, in denen bis zum Zeitpunkt der Erhebung noch nicht über die Ausweisung entschieden worden war (n.9), kann ein Zusammenhang zwischen der sozialen Bindung des Gefangenen in Deutschland und der Untätigkeit der Ausländerbehörde demgegenüber nur vermutet werden. Denkbar ist, dass die Ausländerbehörden aufgrund des ihnen eingeräumten Ermessens einen längeren Zeitraum für die Entscheidungsfindung beanspruchten.

Bei etwas mehr als der Hälfte (58,5%) der ausländischen Gefangenen, die für eine Maßnahme nach § 456a StPO in Betracht kamen, fand der diesbezügliche Kontakt zwischen Vollstreckungs- und Vollzugsbehörde erstmals vor Ablauf der Hälfte der Gesamtverbüßungszeit statt. Dieser Zeitpunkt entspricht dem in den Verwaltungsvorschriften angegebenen Regelzeitpunkt, zu dem von der weiteren Vollstreckung der Freiheitsstrafe abzusehen ist. Bei 12% der Gefangenen kam es zu keinerlei Behördenkontakt. Da von diesen Gefangenen der überwiegende Teil (70% n.7) Rechtsbehelfe gegen die Ausweisungsverfügung eingelegt hatte, hat die Vollstreckungsbehörde vermutlich zunächst den Ausgang des ausländerbehördlichen Verfahrens abwarten wollen. Der Anlass des ersten Kontaktes zwischen den Behörden bestand überwiegend (87,5%) sogleich in dem Zugang der Verfügung, mit der gemäß § 456a StPO von der weiteren Vollstreckung der Freiheitsstrafe abgesehen wurde.

Lediglich 41,5% der ausgewiesenen ausländischen Gefangenen hatten ein Vorgehen nach § 456a StPO beantragt. Ob dieser relativ niedrige Anteil darauf zurückzuführen ist, dass mit der Haftentlassung die Abschiebung aus Deutschland zu erwarten ist, oder ob den betreffenden Gefangenen das Verfahren nach § 456a StPO und ein diesbezüglicher Antrag nicht bekannt waren, konnte nicht festgestellt werden. Da jedoch 60,4% der betreffenden Gefangenen Rechtsbehelfe gegen die Ausweisungsverfügung eingelegt hatten, liegt die Vermutung nahe, dass sie einen Absehensantrag deshalb nicht stellten, um ihre Abschiebung nicht herbeizuführen. Diese Schlussfolgerung lässt auch die Tatsache zu, dass 89,6% der Gefangenen, die eine Maßnahme nach § 456a StPO nicht beantragten, vor der Inhaftierung ihren festen Aufenthalt in Deutschland hatten.

Insgesamt wurde bei einem sehr hohen Anteil von 86,6% der ausgewiesenen ausländischen Gefangenen im Verlauf der Haft gemäß § 456a StPO von der weiteren Vollstreckung der Freiheitsstrafe abgesehen, wobei die Differenzierung zwischen türkischen (85%) und sonstigen ausländischen Gefangenen (88%) nicht nennenswert war. Dabei bestand ein signifikanter Zusammenhang zwischen einer vorherigen Antragstellung und einer positiven Entscheidung der Staatsanwaltschaften. Bei 97,1% der Gefangenen, die eine Maßnahme nach § 456a StPO beantragt hatten, wurde tatsächlich von der weiteren Vollstreckung abgesehen, wohingegen bei denjenigen Gefangenen, die keinen Antrag gestellt hatten, in lediglich 78,7% der Fälle positiv über ein Vorgehen nach § 456a StPO entschieden wurde. Durch die Antragstellung könnten die Aussichten auf einen Vollstreckungsverzicht somit vorweggenommen worden sein.

Bei der Ermittlung der Faktoren, welche die Anwendungspraxis des § 456a StPO beeinflusst haben könnten, zeigte sich zunächst, dass die Deliktsstruktur keinen Einfluss auf die Entscheidung der Staatsanwaltschaften hatte. Demgegenüber war ein auffälliger Zusammenhang zwischen der Anwendungspraxis des § 456a StPO und der Höhe der verhängten Strafen festzustellen. Je höher das Strafmaß war, desto häufiger wurde positiv entschieden: von 66,7% bei einer Strafe von unter 2 Jahren über 83,3% bei einem Strafmaß von 4 - 6 Jahren bis zu 100% bei einer Strafe von über 6 Jahren.

Auch hinsichtlich des Zeitpunktes, zu dem das Absehen von der weiteren Vollstreckung wirksam werden sollte, war ein Zusammenhang zwischen der Höhe der verhängten Strafen und der Entscheidungspraxis der Staatsanwaltschaften festzustellen. Bis zum Ablauf der Hälfte der Gesamtverbüßungszeit sollte ein entsprechendes Vorgehen vermehrt (61,3%) bei denjenigen Gefangenen wirksam werden, die zu einem mittleren Strafmaß von 2 - 4 Jahren verurteilt wurden. Mit der zunehmenden Länge der Freiheitsstrafe verringerte sich dieser Anteil kontinuierlich von 42,9% (4 - 6 Jahre) auf 36,4% (6 - 8 Jahre) bis zu 16,7% (mehr als 8 Jahre). Gerade aber die besonders langen Strafen beanspruchen die Haftplatzkapazität, so dass hier ein frühzeitiger Vollstreckungsverzicht zweckmäßig gewesen wäre.

Ein signifikanter Zusammenhang bestand zwischen der Aufenthaltsdauer der Gefangenen in Deutschland und der Entscheidung der Staatsanwaltschaften. Insgesamt erhöhte sich der Anteil der Gefangenen, bei denen von der weiteren Vollstreckung abgesehen wurde, kontinuierlich mit der sich verringernden Aufenthaltsdauer in Deutschland: von 71,9% bei den Gefangenen, die in Deutschland geboren wurden oder aufgewachsen waren, über 91,7% der im Erwachsenenalter vor 1990 eingereisten Gefangenen, bis zu 100% der erst nach 1990 eingereisten Gefangenen. Hierbei ist allerdings nicht auszuschließen, dass die Staatsanwaltschaften auch zunehmend bei den in Deutschland geborenen oder aufgewachsenen ausländischen Gefangenen von der weiteren Vollstreckung der Freiheitsstrafe abgesehen hätten, wenn von diesen nicht zuvor in vielen der Fälle (53,1%) Rechtsbehelfe gegen die Ausweisungsverfügung eingelegt worden wären.

Als Zeitpunkt, zu dem das Absehen von der weiteren Vollstreckung wirksam werden sollte, wurde von den Staatsanwaltschaften - entgegen den Vorgaben der Rundverfügung des JM NRW vom 29.10.1987 - häufig anstelle des Zeitpunktes der Übergabe des Gefangenen an die mit der Abschiebung betraute Ausländerbehörde ein - gemäß den Verwaltungsvorschriften gerade nicht anzugebender - kalendermäßig festgelegter Zeitpunkt bestimmt. Nach dem von den Staatsanwaltschaften bestimmten Zeitpunkt sollte das Absehen von der weiteren Vollstreckung in 46,5% der Fälle bis zum Ablauf der Hälfte der Gesamtverbüßungszeit wirksam werden, ein - unter Berücksichtigung des in den Verwaltungsvorschriften angegebenen Halbstrafenzeitpunktes als Regelzeitpunkt für ein entsprechendes Vorgehen - vergleichsweise geringer Anteil. Dabei war ein signifikanter Zusammenhang zwischen einer vorherigen Antragstellung und der Entscheidung der Staatsanwaltschaften festzustellen. Bei 57,6% der Gefangenen, die eine

Maßnahme nach § 456a StPO zuvor beantragt hatten, sollte das Absehen von der weiteren Vollstreckung bis zum Ablauf der Hälfte der Gesamtverbüßungszeit wirksam werden. Unter Einbeziehung der Daten zum Zeitpunkt der Abschiebung, d.h. der Übergabe des Gefangenen an die mit der Abschiebung betraute Behörde, ergab sich, dass das Absehen von der weiteren Vollstreckung in 50,7% der Fälle bis zum Ablauf der Hälfte und kumulativ bei 83,1% der ausgewiesenen ausländischen Gefangenen bis zum Ablauf von 2/3 der Gesamtverbüßungszeit wirksam wurde.

Ein erwartungsgemäß hoher Anteil von 94,4% der ausländischen Gefangenen, bei denen eine Maßnahme nach § 456a StPO erfolgte, wurde bereits aus der Haft heraus abgeschoben. Die Abschiebung aus der Haft heraus war zweckentsprechend, da sich der Vollstreckungsverzicht ansonsten in dem bloßen Tausch der Strafhaft gegen die Abschiebehaft erschöpft hätte. Dabei bestand eine weitgehende Übereinstimmung zwischen dem von den Staatsanwaltschaften bestimmten Zeitpunkt, zu dem der Vollstreckungsverzicht wirksam werden sollte und dem Zeitpunkt der Abschiebung des Gefangenen. Folglich war keine Verzögerung der Abschiebung im Rahmen des ausländerbehördlichen Verfahrens festzustellen.

Als Kernaussage bleibt festzuhalten, dass von der Vorschrift des § 456a StPO zwar in der Regel nicht zu dem in den Verwaltungsvorschriften angeregten Halbstrafenzeitpunkt, dennoch aber insgesamt bei einem hohen Anteil der ausgewiesenen ausländischen Gefangenen Gebrauch gemacht wurde.[149]

IV. Abschließende Bewertung der Untersuchungsergebnisse

Da die Resozialisierungsverpflichtung des § 2 StVollzG keine nationalitätsbezogenen Einschränkungen enthält, muss ein an Behandlungsgesichtspunkten orientierter Strafvollzug allen Strafgefangenen zuteil werden. Anhand der mit der vorliegenden Untersuchung erhobenen Daten wurde festgestellt, dass eine den deutschen Mitinhaftierten vergleichbare Einbeziehung in das Behandlungsprogramm des Strafvollzugs im Allgemeinen nur bei den wenigen ausländischen Gefangenen erfolgte, bei denen entweder explizit von einer Ausweisung abgesehen wurde oder bei denen von vorn-

[149] Anmerkung: In Berlin wurde im Jahre 1998 in 20 Fällen, im Jahre 1999 in ebenfalls 20 Fällen und im Jahre 2000 in 13 Fällen gemäß § 456a StPO von der weiteren Vollstreckung der Freiheitsstrafe abgesehen. In Bremen wurde im Jahre 2000 in 10 Fällen nach dieser Vorschrift verfahren. Im Saarland erfolgte im Jahre 2000 bei 17 Gefangenen eine Maßnahme nach § 456a StPO. Diese Daten enthalten als absolute Zahlen freilich keine Angaben darüber, wie hoch jeweils der prozentuale Anteil der Gefangenen war, bei denen gemäß § 456a StPO von der weiteren Vollstreckung der Freiheitsstrafe abgesehen wurde.
Quelle: Angaben der entsprechenden Justizverwaltungen

herein nicht zwingend mit einer Ausweisung bzw. Abschiebung zu rechnen war. Dem größten Teil der ausländischen Gefangenen wurde eine Vielzahl der im StVollzG vorgesehenen vollzuglichen Maßnahmen aufgrund der ausländerrechtlichen Situation vorenthalten. Diese Schlechterstellung der ausländischen Gefangenen war in den Fällen nicht gerechtfertigt, in denen die Untersuchungsergebnisse zu den soziobiographischen Daten der ausländischen Gefangenen eine günstigere Prognose hinsichtlich der sozialen Integration ergeben haben als bei den deutschen Gefangenen, was insbesondere auf die türkischen Gefangenen zutraf. Hier zeigten sich die eingeschränkten Behandlungsmöglichkeiten des Strafvollzugs besonders deutlich.

Als besonders problematisch stellte sich die Vollzugsgestaltung bei denjenigen ausländischen Gefangenen dar, die in Deutschland geborenen wurden oder aufgewachsenen waren und die somit nur ihrem Pass nach als Ausländer zu bezeichnen sind. Diese Gefangenen mussten damit rechnen, dass sie in ein Land geschickt werden, dessen Kultur und Lebensweise sie nicht oder nicht richtig kannten, weil ihr Lebensmittelpunkt in Deutschland war. Aus diesem Grund wäre es bei diesen Gefangenen besonders wichtig gewesen, ihnen während des Vollzugs eine berufliche Ausbildung zu ermöglichen, welche sie in die Lage versetzt hätte, sich in ihrem „Heimatland" beruflich zurecht zu finden. Dies hätte zur Konsequenz, dass sich die Vollzugsbehörde bei der Beurteilung der Eignung des Gefangenen für eine Bildungsmaßnahme nicht von der ausländerrechtlichen Situation hätte beeinflussen lassen dürfen, was jedoch häufig geschehen ist. Ganz grundsätzlich sollten umgekehrt die beruflichen Ausbildungsanstalten für ausländische Gefangene in Ansehung der gegenwärtigen Ausweisungs- und Abschiebungspraxis darauf ausgerichtet werden, das gesellschaftliche Leben im Ausland in seinen kulturellen, ökonomischen und sozialen Besonderheiten zu erfassen und zu berücksichtigen.[150] Als Beispiel hierfür wird auf die metallverarbeitenden Berufe verwiesen, die für ausländische Gefangene regelmäßig in ihrem Heimatland von Nutzen sein können (Automechaniker).[151]

Die ausländerbehördliche Praxis wirkte sich nachteilig auf die Vollzugsgestaltung aus. Als besonders ungünstig für die ausländischen Gefangenen erwies es sich, wenn die Vollzugsbehörde erst längere Zeit nach Haftantritt über die (Nicht-) Ausweisung des Gefangenen in Kenntnis gesetzt wurde, was bei einem hohen Anteil der Gefangenen der Fall war. Je später die Kenntnisnahme von der Ausweisungsentscheidung erfolgte, desto geringer waren die Partizipationschancen ausländischer Gefangener an Vollzugslockerungen und Maßnahmen der Aus- und Weiterbildung.

---

[150] Walter, M., Schmülling, K., StV 6/ 98 S.319

[151] Vgl. Seebode, Behandlungsvollzug für Ausländer, KrimPäd 1997, 52-53 S.52

Die zu erwartende Ausweisung nimmt zudem grundsätzlich insbesondere den in Deutschland geborenen oder aufgewachsenen ausländischen Gefangenen jegliche Möglichkeit einer Zukunftsplanung in ihrem künftigen „Heimatland". Die Ausweisung ausländischer Gefangener, die ihren Lebensmittelpunkt in Deutschland haben und deren Bindungen an ihr „Heimatland" nur gering sind, ist ein Problem, das durch die derzeitige Rechtslage nicht immer sachgerecht gelöst werden kann. Denn gerade das „Zurück"schicken des ausländischen Gefangenen in sein „Heimatland", das dieser gar nicht kennt, stellt eine realitätsferne Fiktion dar.[152]

Dennoch darf nicht verkannt werden, dass die Ausweisung ausländischer Gefangener eine Entlastung des Strafvollzugs über § 456a StPO ermöglicht. Auch insoweit ist eine frühzeitige Entscheidung über die Ausweisung des Gefangenen zweckmäßig, damit der Gefangene bereits aus der Haft heraus abgeschoben werden kann. Je früher allerdings die Abschiebung erfolgt, desto geringer sind die Möglichkeiten, dem Gefangenen während des Vollzugs eine berufliche Ausbildung zu ermöglichen, was für den Gefangenen eine nachteilige Komponente des Vollstreckungsverzichts darstellt.

Die Situation der ausländischen Gefangenen im Strafvollzug könnte verbessert werden, wenn Ausländer- und Vollzugsbehörde ihre Arbeit besser miteinander abstimmen würden, und sich nicht, wie es derzeit häufig der Fall ist, gegenseitig nachteilig verstärken. Auch wäre es sinnvoll, wenn positive prognostische Entwicklungen des Gefangenen während der Vollzugszeit im Rahmen der ausländerbehördlichen Entscheidung berücksichtigt würden. Eine frühzeitige ausländerrechtliche Klärung wäre zweckmäßig, damit die unklare ausländerrechtliche Lage vollzuglichen Maßnahmen nicht entgegensteht.

Durch die Anwendung des § 456a StPO besteht die Möglichkeit, die aufgrund der ausländerrechtlichen Situation bestehenden Benachteiligungen ausländischer Gefangener sowie die aus der Ausweisung des Gefangenen resultierenden Härten durch den Vollstreckungsverzicht auszugleichen. Hierdurch kann auch dem Umstand Rechnung getragen werden, dass die allgemeinen Strafziele der Resozialisierung und der Sicherung bei ausländischen Gefangenen oftmals ins Leere gehen. Durch die von den Landesjustizverwaltungen erlassenen Regelungen dürfte die Anwendbarkeit des § 456a StPO ganz entscheidend verbessert worden sein, was sich in Nordrhein-Westfalen in dem hohen Anteil ausländischer Gefangener, bei denen nach dieser Vorschrift verfahren wurde, widerspiegelt. Aufgrund des im wesentlichen gleichen Inhaltes der zu § 456a StPO ergangenen Verwaltungsvorschriften in den einzelnen Bundesländern[153], sind die grundlegenden

[152] Vgl. Walter, M., Schmülling, K., StV 6/ 98 S.320
[153] Vgl. die zusammenfassende Darstellung bei Bammann, a.a.O. S.95 ff.

Voraussetzungen für eine bundesweite Gleichbehandlung der ausländischen Gefangenen gegeben, ohne dass es einer bundeseinheitlichen Regelung bedarf. Wichtig wären insoweit korrespondierende Erhebungen in anderen Bundesländern.

Anhang

Tabellen, auf die im Text hingewiesen wurde:

Tabelle 1: Offener oder diesem gleichgestellter Vollzug: Relation zwischen der Aufenthaltsdauer der Gefangenen in Deutschland und der ausländerbehördlichen Entscheidung

	Verlegung in den/ Gleichstellung mit dem offenen Vollzug	keine Ausweisungsentscheidung ergangen	explizit keine Ausweisung	Ausweisung verfügt	Ausweisung verfügt/ Abschiebung angedroht	unklar	Gesamt
in Deutschland geboren und/ oder aufgewachsen	nein	5	1	26	21		32
		15,6%	3,1%	81,3%	65,6%		100,0%
	ja	1	1	7	6		9
		11,1%	11,1%	77,8%	66,7%		100,0%
		6	2	33	27		41
		14,6%	4,9%	80,5%	65,9%		100,0%
nicht in Deutschland aufgewachsen	nein	3	1	30	27		34
		8,8%	2,9%	88,2%	79,4%		100,0%
	ja						
		3	1	30	27		34
		8,8%	2,9%	88,2%	79,4%		100,0%
kein ständiger Aufenthalt in Deutschland	nein			20	18	4	24
				83,3%	75,0%	16,7%	100,0%
	ja			1	1		1
				100,0%	100,0%		100,0%
				21	19	4	25
				84,0%	76,0%	16,0%	100,0%
Gesamt	nein	8	2	76	66	4	90
		8,9%	2,2%	84,4%	73,3%	4,4%	100,0%
	ja	1	1	8	7		10
		10,0%	10,0%	80,0%	70,0%		100,0%
		9	3	84	73	4	100
		9,0%	3,0%	84,0%	73,0%	4,0%	100,0%

Anmerkung: Bei dieser Tabelle waren Mehrfachnennungen möglich.
Bei Einfachnennung (ohne die Antwortmöglichkeit „Ausweisung verfügt/ Abschiebung angedroht/ verfügt“) ergibt sich kein signifikantes Ergebnis.

Tabelle 2: Vollzugslockerungen und Hafturlaub bei ausgewiesenen Gefangenen: Zeitpunkt der Kenntniserlangung von der Ausweisungsverfügung

			Ausweisung verfügt				
			Ausführung/ Ausgang		Beurlaubung		Gesamt
			nein	ja	nein	ja	
in Deutschland geboren und/ oder aufgewachsen	bis zu 1/3	Anzahl	15	3	11	7	18
		Zeilen%	19,7%	**37,5%**	15,3%	**58,3%**	21,4%
	bis zu 2/3	Anzahl	7	2	7	2	9
		Zeilen%	9,2%	25,0%	9,7%	16,7%	10,7%
	bis Strafende	Anzahl	2	1	2	1	3
		Zeilen%	2,6%	12,5%	2,8%	8,3%	3,6%
	unklar	Anzahl	3		3		3
		Zeilen%	3,9%		4,2%		3,6%
nicht in Deutschland aufgewachsen	bis zu 1/3	Anzahl	13	1	13	1	14
		Zeilen%	17,1%	12,5%	18,1%	8,3%	16,7%
	bis zu 2/3	Anzahl	8		8		8
		Zeilen%	10,5%		11,1%		9,5%
	bis Strafende	Anzahl	3		3		3
		Zeilen%	3,9%		4,2%		3,6%
	unklar	Anzahl	5		5		5
		Zeilen%	6,6%		6,9%		6,0%
kein ständiger Aufenthalt in Deutschland	bis zu 1/3	Anzahl	12	1	12	1	13
		Zeilen%	15,8%	12,5%	16,7%	8,3%	15,5%
	bis zu 2/3	Anzahl	3		3		3
		Zeilen%	3,9%		4,2%		3,6%
	unklar	Anzahl	5		5		5
		Zeilen%	6,6%		6,9%		6,0%
	Gesamt	Anzahl	76	8	72	12	84
		Zeilen%	100,0%	100,0%	100,0%	100,0%	100,0%

Tabelle 3: Teilnahme an Maßnahmen der Aus- und Weiterbildung in den entsprechenden Anstalten

		keine Teilnahme	Deutsch für Ausländer	schulischer Liftkurs	Ausbildungs lehrgang	Gesamt
Geldern	Deutsche	12 36,4%		13 39,4%	21 63,6%	33 100,0%
	Ausländer	26 78,8%		5 15,2%	7 21,2%	33 100,0%
	Gesamt	38 57,6%		18 27,3%	28 42,4%	66 100,0%
Aachen	Deutsche	34 100,0%				34 100,0%
	Ausländer	29 85,3%	5 14,7%			34 100,0%
	Gesamt	63 92,6%	5 7,4%			68 100,0%
Remscheid	Deutsche	31 93,9%		1 3,0%	1 3,0%	33 100,0%
	Ausländer	26 78,8%	3 9,1%	3 9,1%	1 3,0%	33 100,0%
	Gesamt	57 86,4%	3 4,5%	4 6,1%	2 3,0%	66 100,0%
Gesamt	Deutsche	77 77,0%		14 14,0%	22 22,0%	100 100,0%
	Ausländer	81 81,0%	8 8,0%	8 8,0%	8 8,0%	100 100,0%
	Gesamt	158 79,0%	8 4,0%	22 11,0%	30 15,0%	200 100,0%

Anmerkung: Bei dieser Tabelle waren Mehrfachnennungen möglich.
Bei Einfachnennung („schulischer Liftkurs" und „Ausbildungslehrgang" zusammengefasst) beträgt das Signifikanzniveau Geldern: $p < 0,05$ (signifikant); Aachen: $p < 0,05$ (signifikant); 2 Zellen (50,0%) haben eine erwartete Häufigkeit kleiner als 5); Remscheid: $p = 1,28$ (nicht signifikant)

Tabelle 4: Teilnahme an Maßnahmen der Aus- und Weiterbildung: Zeitpunkt der Kenntniserlangung von der ausländerbehördlichen Entscheidung

		Bis zu 1/3	Bis zu 2/3	Bis Strafende	unklar	(keine Entscheidung)	Gesamt
schulischer Liftkurs	keine Ausweisungsentscheidung ergangen/ explizit keine Ausweisung				1 33,3%	2 66,6%	3 100,0%
	Ausweisung verfügt	4 **80,0%**	1 20,0%				5 100,0%
	Ausweisung verfügt/ Abschiebung angedroht	4 80,0%	1 20,0%				5 100,0%
	Gesamt	4 50,0%	1 12,5%		1 12,5%	2 25,0%	8 100,0%
Ausbildungslehrgang	keine Ausweisungsentscheidung ergangen/ explizit keine Ausweisung				1 50%	1 50,0%	2 100,0%
	Ausweisung verfügt	5 **83,3%**		1 16,7%			6 100,0%
	Ausweisung verfügt/ Abschiebung angedroht	5 83,3%		1 16,7%			6 100,0%
	Gesamt	5 62,5%		1 12,5%	1 12,5%	1 12,5%	8 100,0%

Bei Einfachnennung („schulischer Liftkurs" und „Ausbildungslehrgang" zusammengefasst) beträgt das Signifikanzniveau $p < 0,05$ (signifikant); 6 Zellen (66,7%) haben eine erwartete Häufigkeit kleiner als 5.

Tabelle 5: Relation zwischen der Teilnahme an Maßnahmen der Aus- und Weiterbildung und der Aufenthaltsdauer der Gefangenen in Deutschland

	in Deutschland geboren und/ oder aufgewachsen	nicht in Deutschland aufgewachsen	(kein ständiger Aufenthalt in Deutschland)	Gesamt
keine Teilnahme	31 38,3%	27 33,3%	23 28,4%	81 100,0%
Deutsch für Ausländer		6 **75,0%**	2 25,0%	8 100,0%
schulischer Liftkurs	8 **100,0%**			8 100,0%
Ausbildungslehrgang	7 **87,5%**	1 12,5%		8 100,0%
Gesamt	41 41,0%	34 34,0%	25 25,0%	100 100,0%

Bei Einfachnennung („schulischer Liftkurs" und „Ausbildungslehrgang" zusammengefasst) beträgt das Signifikanzniveau $p < 0,05$ (signifikant); 6 Zellen (66,7%) haben eine erwartete Häufigkeit kleiner als 5.

Tabelle 6: Relation zwischen der beruflichen Bildung und der Teilnahme an Maßnahmen der Aus- und Weiterbildung

		keine Teilnahme	Deutsch für Ausländer	schulischer Liftkurs	Ausbildungs-lehrgang	Gesamt
in Deutschland geboren und/ oder aufgewachsen	keine Berufsausbildung/ abgebrochene Lehre	23 79,3%		5 17,2%	**4** **13,8%**	29 100%
	Anlernberuf/ Lehrabschluss	7 63,6%		3 27,3%	3 27,3%	11 100%
	Meister-Technikerprüfung (Fach-) Hochschul-abschluss	1 100%				1 100%
	Gesamt	31 75,6%		8 19,4%	7 17,1%	41 100%

Bei Einfachnennung („schulischer Liftkurs" und „Ausbildungslehrgang" zusammengefasst) beträgt das Signifikanzniveau p = 0,498 (nicht signifikant).

Tabelle 7: Relation zwischen der Entscheidung der Ausländerbehörde und der Aufenthaltsdauer der Gefangenen in Deutschland (Tabelle a)

	fester Aufenthalt in Deutschland	Einreise zum Zwecke der Tatbegehung	Gesamt
keine Ausweisungsentscheidung ergangen/ explizit keine Ausweisung	12 **100,0%**		12 100,0%
Ausweisung verfügt	63 75,0%	21 25,0%	84 100,0%
Ausweisung verfügt/ Abschiebung angedroht	54 74,0%	19 26,0%	73 100,0%
unklar		4 100,0%	4 100,0%
Gesamt	75 75,0%	25 25,0%	100 100,0%

Bei Einfachnennung (ohne die Antwortmöglichkeit „Ausweisung verfügt/ Abschiebung angedroht/ verfügt") beträgt das Signifikanzniveau $p < 0{,}05$ (signifikant); 3 Zellen (50,0%) haben eine erwartete Häufigkeit kleiner als 5.

Tabelle 8: Relation zwischen der Entscheidung der Ausländerbehörde und der Aufenthaltsdauer der Gefangenen in Deutschland (Tabelle b)

	in Deutschland geboren und/ oder aufgewachsen	nicht in Deutschland aufgewachsen	kein ständiger Aufenthalt in Deutschland	Gesamt
keine Ausweisungsentscheidung ergangen/ explizit keine Ausweisung	8 **66,7%**	4 33,3%		12 100,0%
Ausweisung verfügt	33 39,3%	30 35,7%	21 25,0%	84 100,0%
Ausweisung verfügt/ Abschiebung angedroht	27 37,0%	27 37,0%	19 26,0%	73 100,0%
unklar			4 100,0%	4 100,0%
Gesamt	41 41,0%	34 34,0%	25 25,0%	100 100,0%

Bei Einfachnennung (ohne die Antwortmöglichkeit „Ausweisung verfügt/ Abschiebung angedroht/ verfügt") beträgt das Signifikanzniveau $p < 0,05$ (signifikant); 6 Zellen (66,7%) haben eine erwartete Häufigkeit kleiner als 5.

Tabelle 9: Relation zwischen einer erfolgten Maßnahme nach § 456a StPO und eingelegten Rechtsbehelfen in Zusammenhang mit der Aufenthaltsdauer der Gefangenen in Deutschland

			Rechtsbehelfe eingelegt		Gesamt
			nein	ja	
in Deutschland geboren und/ oder hier aufgewachsen	gemäß § 456a StPO von der weiteren Vollstreckung abgesehen	nein	1 11,1%	8 **88,9%**	9 100,0%
		ja	14 60,9%	9 39,1%	23 100,0%
	Gesamt		15 46,9%	17 53,1%	32 100,0%
nicht in Deutschland aufgewachsen	gemäß § 456a StPO von der weiteren Vollstreckung abgesehen	nein	1 100,0%		1 100,0%
		ja	26 92,9%	2 7,1%	28 100,0%
	Gesamt		27 93,1%	2 6,9%	29 100,0%
kein ständiger Aufenthalt in Deutschland	gemäß § 456a StPO von der weiteren Vollstreckung abgesehen	nein	1 100,0%		1 100,0%
		ja	19 100,0%		19 100,0%
	Gesamt		20 100,0%		20 100,0%

Signifikanzniveau für in Deutschland geboren und/ oder aufgewachsen: $p < 0,05$; 2 Zellen (50,0%) haben eine erwartete Häufigkeit kleiner als 5.
ansonsten: nicht signifikant

Erhebungsbogen

I. Allgemeine Sozialdaten des Gefangenen

1. Geburtsdatum des Gefangenen
   TT MM JJ ------- -------- --------

2. Alter des Gefangenen
- ☐ 1 25 – 30 Jahre
- ☐ 2 30 – 40 Jahre
- ☐ 3 40 – 50 Jahre
- ☐ 4 50 – 60 Jahre
- ☐ 5 60 – 70 Jahre

3. Geburtsland des Gefangenen
- ☐ 01 Deutschland
- ☐ 02 Griechenland
- ☐ 03 Italien
- ☐ 04 anderer EG- Staat
  (also: Belgien, Dänemark, England, Frankreich, Holland, Irland, Luxemburg, Portugal, Spanien)
- ☐ 05 (Ex) Jugoslawien (1995)
- ☐ 06 Türkei
- ☐ 07 Albanien
- ☐ 08 Polen
- ☐ 09 sonstiges europäisches Land, welches:
- ☐ 10 Marokko
- ☐ 11 sonstiges afrikanisches Land, welches:
- ☐ 12 asiatisches Land, welches:
- ☐ 13 sonstiges Land, welches:

4. Staatsangehörigkeit/ Nationalität des Gefangenen
   (ggfs. weitere Staatsangehörigkeit/ Nationalität, z.B.: türkisch, kurdisch)
- ☐ 00 staatenlos
- ☐ 01 deutsch
- ☐ 02 Angehöriger der Stationierungsstreitkräfte
- ☐ 03 griechisch
- ☐ 04 italienisch
- ☐ 05 sonstige EG- Staatsangehörigkeit
  (also: belgisch, dänisch, englisch, französisch, holländisch, irisch, luxemburgisch, portugiesisch, spanisch)
- ☐ 06 (ex) jugoslawisch (1995)
- ☐ 07 türkisch

☐ 08 albanisch
☐ 09 polnisch
☐ 10 sonstige europäische Staatsangehörigkeit, welche:
☐ 11 marokkanisch
☐ 12 sonstige afrikanische Staatsangehörigkeit, welche:
☐ 13 asiatische Staatsangehörigkeit, welche:
☐ 14 sonstige Staatsangehörigkeit, welche:
☐ 15 kurdische Nationalität
☐ 16 serbische Nationalität
☐ 17 kroatische Nationalität
☐ 18 sonstige Nationalität 20

5. Bekenntnis des Gefangenen
☐ 0 ohne
☐ 1 evangelisch
☐ 2 katholisch
☐ 3 orthodox
☐ 4 islamisch
☐ 5 sonstiges Bekenntnis

6. Familienstand des Gefangenen
☐ 1 verheiratet
☐ 2 verlobt
☐ 3 geschieden, getrennt
☐ 4 verwitwet
☐ 5 ledig

7. Anzahl der Kinder des Gefangenen
☐ 0 kein Kind
☐ 1 ein - zwei Kinder
☐ 2 drei - vier Kinder
☐ 3 fünf und mehr Kinder

8. höchster erreichter Schulabschluss des Gefangenen (vor der Haft)
☐ 0 keiner
☐ 1 Sonderschulabschluss
☐ 2 Hauptschulabschluss
☐ 3 Volksschulabschluss
☐ 4 Realschulabschluss, Handelsschulabschluss
☐ 5 Fachhochschulreife
☐ 6 Hochschulreife (Abitur)
☐ 7 sonstiger Abschluss
☐ 8 unklar, keine Angabe

9. Berufsausbildung des Gefangenen

☐ 0 keine Berufsausbildung
☐ 1 abgebrochene Lehre
☐ 2 Anlernberuf (z.B. Schweißer, Kellner, Verkäufer, Krankenpfleger, Kraftfahrer)
☐ 3 Lehrabschluss (Gesellen- Gehilfenprüfung etc.)
☐ 4 Meister- Technikerprüfung
☐ 5 Fachhochschule
☐ 6 Hochschule
☐ 7 sonstige Berufsausbildung

10. Letzter beruflicher Status des Gefangenen unmittelbar vor Haftantritt

☐ 1 arbeitslos
☐ 2 erwerbstätig
☐ 3 Auszubildender
☐ 4 Schüler, Student
☐ 5 Wehr- oder Zivildienstleistender
☐ 6 Rentner Pensionär
☐ 7 Angehöriger der Botschaft
☐ 8 selbstständig

11. Wohnsitz des Gefangenen

☐ 0 kein fester Wohnsitz
☐ 1 Wohnsitz in Deutschland
☐ 2 Wohnsitz im Ausland

12. polizeiliche Meldung des Gefangenen

☐ 0 keine
☐ 1 am Ort des Wohnsitzes
☐ 2 an sonstigem Ort

13. Art der gewöhnlichen letzten Unterkunft des Gefangenen

☐ 00 keine Unterkunft
☐ 01 Mietwohnung, Zimmer, Appartement
☐ 02 Elternwohnung
☐ 03 Angehörigen- oder Bekanntenwohnung
☐ 04 Heim, Anstalt, Klinik
☐ 05 Asylbewerberheim
☐ 06 Obdachlosenasyl
☐ 07 Unterbringung in Gaststätte, Hotel etc.
☐ 08 Kasernenunterkunft
☐ 09 sonstige Unterkunft
☐ 10 unklar

14. Bestanden Kontakte zu folgenden Personen:
- ☐ 0 keinerlei Kontakte
- ☐ 1 Eltern, Pflegeeltern
- ☐ 2 Geschwister
- ☐ 3 sonstige verwandte Personen
- ☐ 4 eigene Kinder
- ☐ 5 Partner(in)
- ☐ 6 ehemalige Partner(in)
- ☐ 7 Freunde, Bekannte

15. Anzahl der Vorverurteilungen des Gefangenen
- ☐ 0 keine
- ☐ 1 eine
- ☐ 2 zwei – drei
- ☐ 3 drei – vier
- ☐ fünf und mehr

Wenn keine Vorverurteilungen: weiter mit Frage 19 oder 27!

16. Anzahl der jeweils verhängten Sanktionen/ Maßnahmen
 1 Freiheitsstrafe mit Bewährung
 2 Freiheitsstrafe ohne Bewährung
 3 Jugendstrafe mit Bewährung
 4 Jugendstrafe ohne Bewährung
 5 Jugendarrest
 6 Strafarrest
 7 Geldstrafe
 8 Sicherungsverwahrung
 9 Unterbringung in Entziehungsanstalt/ psychiatrischem Krankenhaus

17. Gesamtdauer der bisher verhängten Jugend- und Freiheitsstrafen (ohne Bezugsverurteilung)
- ☐ 1 unter einem Jahr
- ☐ 2 ein bis zwei Jahre
- ☐ 3 drei bis vier Jahre
- ☐ 4 vier bis fünf Jahre
- ☐ 5 fünf bis sieben Jahre
- ☐ 6 sieben bis zehn Jahre
- ☐ 7 zehn und mehr Jahre

18. Wann wurde der Gefangene aus der zuletzt verhängten Jugend-/ Frei heitsstrafe entlassen?
 TT MM JJ ------ -------- --------

Bei deutschen Gefangenen: weiter mit Frage 27!
Bei ausländischen Gefangenen:

19. Seit wann befindet sich der Gefangene in Deutschland?
- ☐ in Deutschland geboren
- seit 19 ------

20. Aufenthaltsstatus, Aufenthaltsanlass des Gefangenen in Deutschland
- ☐ 00 illegal
- ☐ 01 abgelehnter Asylbewerber
- ☐ 02 anerkannter Asylbewerber
- ☐ 03 laufendes Asylverfahren
- ☐ 04 Asylbewerber, Status unklar
- ☐ 05 Aus- oder Übersiedler
- ☐ 06 Angehöriger der Stationierungsstreitkräfte
- ☐ 07 wohnhaft mit Aufenthaltsgenehmigung
- ☐ 08 Tourist
- ☐ 09 sonstiger legaler Aufenthalt
- ☐ 10 Einreise zum Zwecke der Tatbegehung
- ☐ 11 unklar

21. Bei ausländischen Gefangenen mit ständigem Aufenthalt in der BRD:
- ☐ 0 kein ständiger Aufenthalt in der BRD
- ☐ 1 hier geboren
- ☐ 2 vor Vollendung des 6.Lebensjahres eingereist und seitdem hier aufgewachsen
- ☐ 3 vor Vollendung des 14.Lebensjahres eingereist und seitdem hier aufgewachsen
- ☐ 4 nach Vollendung des 14.Lebensjahres eingereist und seitdem hier lebend
- ☐ 5 wechselnde Aufenthalte bei Ersteinreise vor Vollendung des 6.Lebensjahres
- ☐ 6 wechselnde Aufenthalte bei Ersteinreise nach Vollendung des 6.Lebensjahres
- ☐ 7 im Erwachsenenalter eingereist und seitdem hier lebend
- ☐ 8 nach 1990 eingereist und seitdem hier lebend

22. Verhältnis der Aufenthaltsdauer im Herkunftsland zur hiesigen Aufenthaltsdauer
- ☐ 1 hiesige Aufenthaltsdauer überwiegt
- ☐ 2 Aufenthaltsdauer im Herkunftsland überwiegt

23. Einschätzung der deutschen Sprachkenntnisse durch den Bearbeiter (bei Berücksichtigung aller aus der Akte entnehmbarer Anhaltspunkte)
- ☐ 0 keine oder völlig unzureichende Sprachkenntnisse
- ☐ 1 eher geringe Sprachkenntnisse
- ☐ 2 mittelmäßige Sprachkenntnisse
- ☐ 3 eher gute Sprachkenntnisse
- ☐ 4 sehr gute Sprachkenntnisse

24. Hat der Gefangene vor der Haft jemals eine berufliche Ausbildung in Deutschland begonnen?
- ☐ 0 nein
- ☐ 1 ja
- ☐ 2 unklar

25. Wurde der Gefangene vor der aktuellen Haft bereits aus dem Bundesgebiet ausgewiesen, bzw. abgeschoben?
- ☐ 0 nein
- ☐ 1 ausgewiesen, jedoch nicht abgeschoben
- ☐ 2 abgeschoben

26. wenn der Gefangene bereits vor der aktuellen Haft aus dem Bundesgebiet ausgewiesen bzw. abgeschoben wurde: Zeitpunkt der Ausweisungsverfügung bzw. Abschiebung

TT MM JJ
Ausweisung verfügt am -------- -------- --------
Abschiebung erfolgt am -------- -------- --------

II. Angaben zur Freiheitsentziehung

<u>1. Allgemeine Angaben</u>

27. festgenommen/ gestellt am
TT MM JJ -------- -------- --------

28. zugeführt am
TT MM JJ -------- -------- --------

29. Delikte der Bezugsverurteilung (maximal fünf Delikte)

Feld 1, 2:

01 StGB 04 BtMG

02 StVG 05 AusländerG

03 WehrstrafG 06 WaffG

(soweit ein hier nicht genanntes Gesetz vorliegt, ist in alle sechs Felder eine 6 einzusetzen)
Feld 3, 4, 5: Nr.des Paragraphen einsetzen
Feld 6: Buchstabe bei literierten Paragraphen:
0 ohne Buchstaben
1 = a 2 = b 3 = c etc. Beispiel: § 323c StGB: 0 1 3 2 3 3

30. Falls Restfreiheitsstrafe verbüßt wird:
Dauer in Tagen ------------ Tage

31. insgesamt verhängtes Strafmaß in Monaten
Zeitraum in Monaten --------- Monate

32. anzurechnende Untersuchungshaft in Tagen
Zeitraum in Tagen ------------ Tage

33. Beginn der Strafzeit
TT MM JJ --------- --------- --------

34. Ablauf der Hälfte der Strafzeit
TT MM JJ --------- --------- --------

35. Ablauf von 2/3 der Strafzeit
TT MM JJ --------- --------- --------

36. Ende der Strafzeit
TT MM JJ --------- --------- --------

2. Aussetzung des Strafrestes zur Bewährung gemäß § 57 StGB

37. Erging eine Entscheidung nach § 57 I, II StGB?
- ☐ 1 ja
- ☐ 2 nein, fehlende Zustimmung/ Verzicht des Gefangenen
- ☐ 3 nein, Maßnahme gemäß § 456a bereits vor dem 2/3-Zeitpunkt
- ☐ 4 nein, Überstellung des Gefangenen bereits vor dem 2/3-Zeitpunkt

38. Wurde die Vollstreckung des Strafrestes gemäß § 57 I, II StGB zur Bewährung ausgesetzt?

- ☐ 1 nein
- ☐ 2 ja, zum Halbstrafenzeitpunkt
- ☐ 3 ja, zwischen dem Halbstrafen- und dem Zweidrittel-Zeitpunkt
- ☐ 4 ja, zum Zweidrittel-Zeitpunkt
- ☐ 5 ja, nach dem Zweidrittel-Zeitpunkt

39. wenn die Vollstreckung des Strafrestes zur Bewährung ausgesetzt wurde:
Genauer Zeitpunkt, zu dem die Vollstreckung zur Bewährung ausgesetzt wurde
TT MM JJ -------- -------- --------

40. wenn die Vollstreckung des Strafrestes nicht zur Bewährung ausgesetzt wurde: Welche Gründe werden gegen die Aussetzung der Strafrestvollstreckung zur Bewährung angeführt? (bei mehrfacher Prüfung nur die letzte Prüfung berücksichtigen)

- ☐ 01 Zahl der Vorstrafen
- ☐ 02 bisherige Verurteilungen haben den Gefangenen nicht vor weiteren Straftaten bewahrt
- ☐ 03 früherer Bewährungsbruch
- ☐ 04 bisherige Bewährungschancen sind nicht genutzt worden
- ☐ 05 hohe Rückfallgeschwindigkeit
- ☐ 06 Schwere der abgeurteilten Tat(en)
- ☐ 07 Schwere der ggfs. zu erwartenden Taten
- ☐ 08 Gewicht des bei Rückfall bedrohten Rechtsgutes
- ☐ 09 Vorleben des Gefangenen
- ☐ 10 Persönlichkeit des Gefangenen
- ☐ 11 Labilität, Willensschwäche des Gefangenen
- ☐ 12 keine Auseinandersetzung mit Straftaten
- ☐ 13 keine Bemühungen, ernsthafte Zukunftsperspektiven zu entwickeln
- ☐ 14 Gefangene lässt nicht erwarten, in Zukunft straffrei zu leben
- ☐ 15 negatives Vollzugsverhalten
- ☐ 16 häufige Disziplinarmaßnahmen
- ☐ 17 keine Hafterleichterungen bisher oder noch weiter erforderlich
- ☐ 18 Fehlverhalten bei Hafterleichterungen
- ☐ 19 Länge des Vollzuges bisher nicht ausreichend
- ☐ 20 negativer Eindruck bei Anhörung durch das Gericht
- ☐ 21 keine stabile Beziehung vorhanden
- ☐ 22 schlechte berufliche Situation nach der Entlassung
- ☐ 23 schlechte finanzielle Situation nach der Entlassung
- ☐ 24 schlechte Wohnungssituation nach der Entlassung

- ☐ 25 allgemein unklare Entlassungssituation
- ☐ 26 nicht therapierte Drogenabhängigkeit
- ☐ 27 allgemein keine günstige Sozialprognose
- ☐ 28 allgemein ausländerrechtliche Situation
- ☐ 29 unklare ausländerrechtliche Situation
- ☐ 30 ausländerrechtliche Maßnahmen zu erwarten/ beabsichtigt
- ☐ 31 Ausweisungsverfahren anhängig
- ☐ 32 Ausweisung verfügt
- ☐ 33 Abschiebung verfügt
- ☐ 34 StA beabsichtigt nach Ablauf des 2/3 Zeitpunktes eine Maßnahme nach §456a StPO
- ☐ 35 keine sozialen Kontakte (in der BRD)
- ☐ 36 Maßnahme nach § 64 StGB angeordnet

III. Die Vollzugsgestaltung

41. Wurde ein Vollzugsplan erstellt?
- ☐ 0 nein
- ☐ 1 nein, auf Vollzugsplan wurde wegen zu erwartender Abschiebung des Gefangenen verzichtet
- ☐ 2 nein, auf Vollzugsplan wurde explizit wegen kurzer Haftdauer verzichtet
- ☐ 3 ja

wenn ein Vollzugsplan erstellt wurde:

42. Zeitpunkt der letztmaligen Fortschreibung des Vollzugsplans
TT MM JJ --------- --------- --------

1.Verlegung/ Gleichstellung in den/ mit dem offenen Vollzug

43. Sollte der Gefangene in den/ mit dem offenen Vollzug (§ 10 StVollzG) verlegt/ gleichgestellt werden?
- ☐ 1 nein
- ☐ 2 ja, Verlegung in den offenen Vollzug
- ☐ 3 ja, Gleichstellung mit dem offenen Vollzug

wenn der Gefangenen in den/ mit dem offenen Vollzug verlegt/ gleichgestellt werden sollte:

44. Zu welchem Zeitpunkt sollte der Gefangene in den/ mit dem offenen Vollzug verlegt/ gleichgestellt werden?
TT MM JJ --------- --------- ---------

45. Hatte der Gefangene die Verlegung/ Gleichstellung in den/ mit dem offenen Vollzug beantragt?

☐ 0 nein/ keine Anhaltspunkte
☐ 1 ja, Verlegung in den offenen Vollzug
☐ 2 ja, Gleichstellung mit dem offenen Vollzug
bei ausländischen Gefangenen:

wenn der Gefangenen nicht in den offenen Vollzug verlegt werden sollte:

46. Welche Gründe wurden zum Zeitpunkt der letzten Prüfung gegen die Verlegung des Gefangenen in den offenen Vollzug angeführt? (Mehrfachnennungen möglich)

☐ 00 keine Prüfung (kein Vollzugsplan) ersichtlich
☐ 01 erhebliche Drogenabhängigkeit/ Suchtproblematik
☐ 02 Drogenkonsum während der Inhaftierung/ positive Urinprobe(n)
☐ 03 verspätete oder unfreiwillige Rückkehr aus dem Urlaub
☐ 04 Entweichung (bzw. Versuch)
☐ 05 Fluchtgefahr/ verdacht
☐ 06 Missbrauch von Urlaub und Ausgang zu Straftaten
☐ 07 Missbrauchsgefahr
☐ 08 Persönlichkeit des Gefangenen (Persönlichkeitsdefizite)
☐ 09 negatives Vollzugsverhalten
☐ 10 fehlende Mitarbeitsbereitschaft an der Erreichung des Vollzugsziels
☐ 11 keine Auseinandersetzung mit begangenen Straftaten
☐ 12 massive Tatbegehung
☐ 13 hoher Strafrest
☐ 14 Vorverurteilungen des Gefangenen
☐ 15 bisherige Wirkungslose Haftverbüßung
☐ 16 Bewährungsversager
☐ 17 SV angeordnet
☐ 18 kein fester Wohnsitz
☐ 19 kein entsprechender Arbeitsplatz vorhanden
☐ 20 unklarer Vollstreckungsstand
☐ 21 Ermittlungs- oder Strafverfahren anhängig
☐ 22 allgemein ausländerrechtliche Situation
☐ 23 unklare ausländerrechtliche Situation
☐ 24 ausländerrechtliche Maßnahmen zu erwarten/ angedroht
☐ 25 Ausweisungsverfahren anhängig
☐ 26 Ausweisung verfügt
☐ 27 Abschiebung angedroht
☐ 28 Abschiebung verfügt
☐ 29 Gefangene hat keine sozialen Bindungen/ Kontakte (in der BRD)
☐ 30 Maßnahme nach § 64 StGB angeordnet

☐ 31 Gefangene hat Überstellung in sein Heimatland beantragt
☐ 32 Gefangene wurde aus dem offenen in den geschlossenen Vollzug zurückverlegt
☐ 33 Gefangene verzichtet auf die Verlegung in den offenen Vollzug
☐ 34 Gefangene verweigert die Zustimmung
☐ 35 Verlegung hat sich wegen Zeitablaufs/ Entlassung erledigt

2. Vollzugslockerungen

47. Wurden dem Gefangenen Vollzugslockerungen gewährt?
☐ 0 nein
☐ 1 Ausführung/ Ausgang (§ 11I Nr.2 StVollzG)
☐ 2 Urlaub (§ 13 StVollzG)
☐ 3 Außenbeschäftigung/ Freigang (§ 11 Nr.1 StVollzG)

48. wenn dem Gefangenen Vollzugslockerungen gewährt wurden:
Zeitpunkt der erstmaligen Gewährung von Vollzugslockerungen
TT MM JJ
Ausführung/ Ausgang (§ 11 I Nr.2 StVollzG) -------- --------- ---------
Urlaub (§ 13 StVollzG) -------- --------- ---------
Außenbeschäftigung/ Freigang (§ 11 I Nr.1 StVollzG) ------- --------- ---------

49. Hatte der Gefangene die Gewährung von Vollzugslockerungen beantragt?
☐ nein/ keine Anhaltspunkte
☐ 1 Ausführung/ Ausgang (§ 11 I Nr.2 StVollzG)
☐ 2 Urlaub (§ 13 StVollzG)
☐ 3 Außenbeschäftigung/ Freigang (§ 11 I Nr.1 StVollzG)

wenn dem Gefangenen keine Vollzugslockerungen gewährt wurden:

50. Welche Gründe wurden zum Zeitpunkt der letztmaligen Prüfung gegen die Gewährung der entsprechenden Vollzugslockerung angeführt? (Mehrfachnennungen möglich)
☐ 00 keine Prüfung (kein Vollzugsplan ersichtlich)
☐ 01 Gefangene verzichtet auf die Gewährung von Vollzugslockerungen
☐ 02 erhebliche Drogenabhängigkeit/ Suchtproblematik
☐ 03 Drogenkonsum während der Inhaftierung/ positive Urinprobe(n)
☐ 04 Meuterei, Entweichung (bzw. Versuch)
☐ 05 Fluchtgefahr/ verdacht
☐ 06 Missbrauchsgefahr
☐ 07 Persönlichkeit des Gefangenen (Persönlichkeitsdefizite)
☐ 08 Verweigerung der Teilnahme an Therapiemaßnahmen

- [ ] 09 negatives Vollzugsverhalten
- [ ] 10 Vorverurteilungen des Gefangenen
- [ ] 11 bisherige wirkungslose Haftverbüßung
- [ ] 12 Fehlen der erforderlichen Zuverlässigkeit
- [ ] 13 Unzuverlässigkeit im Umgang mit Lockerungen während der Vorinhaftierung
- [ ] 14 Bewährungsversager
- [ ] 15 Bewährungsfrist nach Rückverlegung in den geschlossenen Vollzug
- [ ] 16 massive Tatbegehung
- [ ] 17 hoher Strafrest
- [ ] 18 unklarer Vollstreckungsstand
- [ ] 19 Ermittlungs- oder Strafverfahren anhängig
- [ ] 20 allgemein ausländerrechtliche Situation
- [ ] 21 unklare ausländerrechtliche Situation
- [ ] 22 ausländerrechtliche Maßnahmen zu erwarten/ angedroht
- [ ] 23 Ausweisungsverfahren anhängig
- [ ] 24 Ausweisung verfügt
- [ ] 25 Abschiebung angedroht
- [ ] 26 Abschiebung verfügt
- [ ] 27 Gefangene hat keine sozialen Bindungen/ Kontakte (in der BRD)
- [ ] 28 Gefangene hat Überstellung in sein Heimatland beantragt
- [ ] 29 Maßnahme nach § 64 StGB angeordnet
- [ ] 30 Urlaub widerrufen, da zeitgleich mit Entlassung

3.Maßnahmen der Aus und Weiterbildung

51. Wurden in der entsprechenden Anstalt Maßnahmen der Aus- bzw. Weiterbildung angeboten?
- [ ] 0 nein
- [ ] 1 ja

52. Hatte der Gefangene die Teilnahme an Maßnahmen der Aus- bzw. Weiterbildung beantragt?
- [ ] 0 nein/ keine Anhaltspunkte
- [ ] 1 ja

53. Nahm der Gefangene an Maßnahmen der Aus- und Weiterbildung teil?
- [ ] 0 nein
- [ ] 1 Deutsch für Ausländer
- [ ] 2 schulischer Liftkurs
- [ ] 3 Ausbildungslehrgang

wenn der Gefangenen nicht an (den beantragten) Maßnahmen der Aus- und Weiterbildung teilnahm:

54. Sind Gründe dafür ersichtlich, warum der Gefangene nicht an den (beantragten) Maßnahmen teilnahm?
- ☐ 0 Maßnahme (aufgrund des Bildungsstandes des Gefangenen) nicht erforderlich
- ☐ 01 Maßnahme lt. Vollzugsplan nicht vorgesehen
- ☐ 02 Haftdauer zu kurz
- ☐ 03 Alter des Gefangenen
- ☐ 04 negatives Vollzugsverhalten
- ☐ 05 Teilnahme aus medizinischen Gründen nicht möglich
- ☐ 06 Gefangene ist aus sonstigen Gründen ungeeignet
- ☐ 07 beantragte Kurs existiert nicht
- ☐ 08 keine freien Plätze verfügbar
- ☐ 09 Anmeldefrist abgelaufen
- ☐ 10 Förderung durch das Arbeitsamt ist ausgeschlossen worden
- ☐ 11 Teilnahme erst nach der Eignung für den offenen Vollzug möglich
- ☐ 12 Lehrgang würde 2/3 Zeitpunkt überdauern
- ☐ 13 Gefangene verzichtet/ Widerruf
- ☐ 14 Sprachprobleme
- ☐ 15 unklare ausländerrechtliche Situation
- ☐ 16 ausländerrechtliche Maßnahmen beabsichtigt
- ☐ 17 Ausweisung verfügt
- ☐ 18 Abschiebung angedroht
- ☐ 19 Abschiebung verfügt
- ☐ 20 Gefangene hat kein Interesse (lt. Einweisungsentschließung)

IV. Ausländerspezifische Fragestellungen

55. Zu welchem Zeitpunkt fand hinsichtlich der Ausweisung bzw. Abschiebung des Gefangenen der erste Kontakt zwischen Vollzugs- und Ausländerbehörde statt?
- ☐ 0 unklar

TT MM JJ -------- -------- --------

56. Welche Stelle stellte den Kontakt her?
- ☐ 1 Vollzugsbehörde
- ☐ 2 Ausländerbehörde
- ☐ 3 unklar
- ☐ 4 kein Kontakt ersichtlich

57. Aus welchem konkreten Anlass fand der erste Kontakt statt?
- ☐ 1 Mitteilung über beabsichtigte ausländerrechtliche Maßnahmen
- ☐ 2 Darstellung der ausländerrechtlichen Situation (nach Anfrage seitens der JVA)
- ☐ 3 Anfrage, ob ausländerrechtliche Maßnahmen beabsichtigt sind (zwecks Vollzugsplanung)
- ☐ 4 Anfrage, ob eine Entscheidung nach § 57 StGB bekannt ist
- ☐ 5 Zugang einer Verwarnung
- ☐ 6 Anhörung des Gefangenen
- ☐ 7 Zugang der Ordnungsverfügung
- ☐ 8 Ankündigung der Abschiebung
- ☐ 9 unklar
- ☐ 10 kein Kontakt ersichtlich

58. Lag zum Zeitpunkt der Erhebung eine Ausweisungsentscheidung vor?
- ☐ 0 nein
- ☐ 1 explizit keine Ausweisung
- ☐ 2 Ausweisung verfügt
- ☐ 3 Ausweisung verfügt, Abschiebung angedroht/ verfügt
- ☐ 4 unklar

59. Zu welchem Zeitpunkt erlangte die Vollzugsbehörde Kenntnis von der Ausweisungsentscheidung?
- ☐ 0 unklar

TT MM JJ --------- --------- --------

60. Legte der Gefangene Rechtsbehelfe gegen die Ausweisungs- bzw. Abschiebungsverfügung ein?
- ☐ 1 keine Verfügung ergangen
- ☐ 2 explizit keine Ausweisung
- ☐ 3 nein/ keine Anhaltspunkte
- ☐ 4 ja
- ☐ 5 unklar

61. Zeitpunkt der Bestandskraft der Ausweisungs- bzw. Abschiebungsverfügung
- ☐ 0 unklar

TT MM JJ --------- --------- --------

62. Zu welchem Zeitpunkt wurde der Gefangene abgeschoben?
- ☐ 0 keine Abschiebung

TT MM JJ --------- --------- --------

V. Angaben zur Anwendungspraxis des § 456a StPO

63. Zu welchem Zeitpunkt fand der erste Kontakt zwischen Vollzugs- und Vollstreckungsbehörde hinsichtlich des Absehens von der weiteren Vollstreckung nach § 456 a StPO statt?
- ☐ 0 unklar
- ☐ 1 kein Kontakt ersichtlich

TT MM JJ --------- --------- ---------

64. Welche Stelle stellte den Kontakt her?
- ☐ 1 Vollzugsbehörde
- ☐ 2 Vollstreckungsbehörde
- ☐ 3 unklar
- ☐ 4 kein Kontakt ersichtlich

65. Lag zum Zeitpunkt des ersten Kontaktes eine vollziehbare Ausweisungsverfügung vor?
- ☐ 0 nein
- ☐ 1 ja
- ☐ 2 unklar
- ☐ 3 keine Ausweisung verfügt

66. Aus welchem konkreten Anlass fand der erste Kontakt statt? (z.B. Bitte um Stellungnahme seitens der Vollzugsbehörde)
- ☐ 0 kein Kontakt ersichtlich
- ☐ 1 Bitte um Fertigung einer Stellungnahme
- ☐ 2 Bitte um Kenntnisnahme/ weitere Veranlassung/ Belehrung des Gefangenen
- ☐ 3 Anfrage, ob sich der Gefangene mit Maßnahme nach § 456a einverstanden erklärt
- ☐ 4 Erklärung, dass bis zu bestimmtem Zeitpunkt wegen Umschulung keine Maßnahme nach § 456a StPO getroffen wird
- ☐ 5 Ablehnung des Antrags des Gefangenen
- ☐ 6 Anfrage, ob eine Maßnahme nach § 456a StPO getroffen wird
- ☐ 7 Bitte um Abschiebung des Gefangenen vor dem Halbstrafenzeitpunkt
- ☐ 8 Bitte um Maßnahme nach § 456a StPO erst nach Beendigung der Umschulungsmaßnahme
- ☐ 9 unklar

67. Hatte der Gefangene das Absehen von der weiteren Vollstreckung nach § 456 a StPO beantragt?
- ☐ 0 nein/ keine Anhaltspunkte
- ☐ 1 ja

68. Sah die Vollstreckungsbehörde nach § 456a StPO von der weiteren Vollstreckung der
Freiheitsstrafe ab?

☐ 0 nein
☐ 1 ja

wenn die Vollstreckungsbehörde von der weiteren Vollstreckung absah:

69. Zu welchem Zeitpunkt sollte das Absehen von der weiteren Vollstreckung frühestens wirksam werden?
TT MM JJ --------- --------- ---------

Literaturverzeichnis

Albrecht, Peter-Alexis/ Pfeiffer, Christian
Die Kriminalisierung junger Ausländer; Befunde und Reaktionen sozialer Kontrollinstanzen. München; Juventa-Verlag 1979

Bammann, Kai
Die Unterbrechung der Strafvollstreckung bei Auslieferung oder Ausweisung. MschKrim Heft 2 001 S.91-106

Böhm, Alexander
Strafvollzug. 2.Auflage; Frankfurt am Main: Metzner 1986

Callies, Rolf-Peter/ Müller-Dietz, Heinz
Kommentar zum Strafvollzugsgesetz. 8. Auflage; München: Beck 2000
Bearbeitet von: Callies, Rolf-Peter; Müller-Dietz, Heinz

Chaidou, Anthozoe
Junge Ausländer im deutschen Strafvollzug. In: Recht der Jugend und des Bildungswesens (RdJB). Zeitschrift für Schule, Berufsbildung und Jugenderziehung; 32. Jahrgang 1984 S.345-353

Dünkel, Frieder
Freiheitsentziehung für junge Rechtsbrecher; Situation und Reform von Jugendstrafe, Jugendstrafvollzug, Jugendarrest und U-Haft in der BRD und im internationalen Vergleich. Bonn: Forum-Verlag Godesberg 1990

Finkbeiner, Lothar/ Karsten, Rainer/ Meiners, Reinhard
Deeskalationsgruppen mit Inhaftierten unterschiedlicher Nationalität und Kultur in der Jungtäteranstalt Vechta. ZfStrVo Heft 6 1993 S.343-353

Fraenkel, Michael
Einführende Hinweise zum neuen Ausländergesetz. Baden-Baden 1991

Gemeinschaftskommentar zum Ausländerrecht (GK-AuslR)
Stand Dezember 1997; Neuwied

Giehring, Heinz
Das Absehen von der Strafvollstreckung bei Ausweisung und Auslieferung ausländischer Strafgefangener nach §456a StPO - Ein Beispiel für Strafrechtspolitik bei der Anwendung des Strafvollstreckungsrechts – Strafverfolgung und Strafverzicht. In: FS zum 125jährigen Bestehen der Staatsanwaltschaft Schleswig-Holstein S.469-509. Hrsg. Prof. Dr. Heribert Ostendorf; Köln, Berlin, Bonn München: Heymanns Verlag KG 1992

Groß, Karl-Heinz
Zum Absehen von der Strafvollstreckung gegenüber Ausländern nach § 456a StPO; Strafverteidiger Heft 1 1987 S.36-40

Hailbronner, Kay
Kommentar zum Ausländerrecht. Heidelberg 1992 ff.

Hailbronner, Kay
Ausländerrecht. Ein Handbuch. 2.Auflage; Heidelberg: Müller, Jur. Verlag 1989

Hardes, Manfred
Förderung der beruflichen Weiterbildung im Justizvollzug nach den Vorschriften des SGB III (früher AFG); ZfStrVo Heft 3 1998 S.147-150

Hötter, Ulrich
Der Vollzugsplan - Ein Instrument zur Verbesserung des Anstaltsklimas - ZfStrVo Heft 3 1993 S.143-144

Kaiser, Günther/ Kerner, Hans-Jürgen/ Schöch, Heinz
Strafvollzug. Eine Einführung in die Grundlagen. 4.Auflage; Heidelberg: Müller Jur. Verlag 1991

Kleinjans, Ralf
Straffälligkeit türkischer Staatsangehöriger in Deutschland - Rechtsfolgen in Deutschland und in der Türkei - Dissertation Köln 1996

Kleinknecht, Theodor/ Meyer-Goßner, Lutz
Kommentar zur Strafprozessordnung, Gerichtsverfassungsgesetz, Nebengesetze und ergänzende Bestimmungen. 44.Auflage; München: Beck 1999

Kommentar zum Strafvollzugsgesetz (AK-StVollzG)
(Hrsg. Johannes Feest) 4.Auflage; Neuwied, Kriftel: Luchterhand 2000. Zitiert: Däubler, Wolfgang/ Spaniol, Margret; Feest, Johannes; Lesting, Wolfgang

Köpcke-Duttler, Arnold
Ausländergesetz und Resozialisierung; KrimPäd Heft 3 1993 S.27-32

Laubenthal, Klaus
Strafvollzug. 2.Auflage; Berlin, Heidelberg: Springer 1998

Löwe-Rosenberg
Die Strafprozessordnung und das Gerichtsverfassungsgesetz. Großkommentar (Hrsg. Peter Rieß) 24.Auflage Band V; Berlin, New York: de Gruyter 1989. Zitiert: Wendisch, Günter

Rudolphi, Hans-Joachim/ Horn, Eckhard/ Günther, Hans-Ludwig, Samson, Erich
Systematischer Kommentar zum Strafgesetzbuch Bd.1 Allgemeiner Teil §§ 38 - 79b. 8.Auflage; Neuwied, Kriftel, Berlin: Luchterhand 2001. Zitiert: Horn

Renner, Guenter
Kommentar zum Ausländerrecht. 7.Auflage des von Werner Kanein begründeten Werkes. München: Beck 1999

Schaub, Günter
Arbeitsrechts-Handbuch. Systematische Darstellung und Nachschlagewerk für die Praxis. 8.Auflage; München: Beck 1996

Schönke, Adolf/ Schröder, Horst
Kommentar zum Strafgesetzbuch. 26.Auflage, München: Beck 2001. Zitiert: Stree, Walter

Schütze, Helmut
Probleme der Vollzugsanstalten mit der wachsenden Zahl der ausländischen Gefangenen; DVJJ-Journal Heft 4 1993 S.381-384

Schwind, Hans-Dieter/ Böhm, Alexander (Hrsg.)
Strafvollzugsgesetz-Kommentar. 3.Auflage; Berlin, New York: de Gruyter 1991. Zitiert: Ittel, Walter; Matzke, Michael; Mey, Hans-Georg

Tröndle, Herbert/ Fischer, Thomas
Kommentar zum Strafgesetzbuch. 50.Auflage; München: Beck 2001

Seebode, Manfred
Behandlungsvollzug für Ausländer. KrimPäd Heft 37 1997 S.52-53

Ventzke, Klaus-Ulrich
Ausweisung von Inländern - eine nicht bedachte Folge strafgerichtlicher Verurteilungen? Strafverteidiger Heft 6 1994 S.337-342

Walter, Joachim
Auch wenn Kassandra selten gehört wird... DVJJ-Journal Heft 3 1993 S.245-249

Walter, Michael/ Geiter, Helmut/ Fischer, Wolfgang
Halbstrafenaussetzung - ein ungenutztes Institut zur Verringerung des Freiheitsentzugs; NStZ Heft 9 1989 S.405-417

Walter, Michael/ Schmülling, Katja
Rechtliche Programme im Konflikt: Resozialisierung junger Ausländer unter den Bedingungen des Ausländerrechts; Strafverteidiger Heft 6 1998 S.313-320

Walter, Michael
Raum und Kriminalität, Sicherheit der Stadt, Migrationsprobleme. In: Neue kriminologische Schriftenreihe der Neuen Kriminologischen Gesellschaft Bd.107. Godesberg: Forum Verlag 2001

Walter, Michael
Strafvollzug: Lehrbuch. 2.Auflage; Stuttgart, München, Hannover: Boorberg 1999

Wegner, Jörg
Die Behandlung straffällig gewordener Einwanderer im neuen Ausweisungsrecht; DÖV 1993 S.1031-1038

Wirth, Wolfgang
Ausländische Gefangene im Jugendstrafvollzug NRW; ZfStrVo Heft 5 1998 S.278-286

STUDIEN UND MATERIALIEN
ZUM STRAF- UND MAßREGELVOLLZUG

➲ *Bundesarbeitsgemeinschaft der Lehrer im Justizvollzug (Hg.)*
Justizvollzug & Pädagogik.
Tradition und Herausforderung
Band 9, 2. Auflage 2001, 200 S., ISBN 3-8255-0270-8, 20,35 €

➲ *Walther, Jutta*
Möglichkeiten und Perspektiven einer opferbezogenen Gestaltung des Strafvollzugs
Band 10, 2002, ca. 330 S., ISBN 3-8255-0303-8, 35,79 €

➲ *Mandt, Brigitte*
Die Gefährdung öffentlicher Sicherheit durch Entweichungen aus dem geschlossenen Strafvollzug. Eine empirische Untersuchung am Beispiel des Landes Nordrhein-Westfalen in den Jahren 1986 – 1988
Band 12, 2001, 350 S., ISBN 3-8255-0321-6, 30,58 €

➲ *Ross, Thomas*
Bindungsstile von gefährlichen Straftätern
Band 13, 2001, 200 S., ISBN 3-8255-0329-1, 23,53 €

➲ *Böhmer, Mechthild*
Forensische Psychotherapieforschung:
Eine Einzelfallstudie
Band 14, 2001, 140 Seiten, ISBN 3-8255-0336-4, 20,35 €

➲ *Zabeck, Anna*
Funktion und Entwicklungsperspektiven ambulanter Sanktionen
Ein Rechtsvergleich zwischen England / Wales und Deutschland
Bd. 15, 2001, 380 S., ISBN 3-8255-0334-8, 34,77 €

➲ *Bergmann, Maren*
Die Verrechtlichung des Strafvollzugs und ihre Auswirkungen auf die Strafvollzugspraxis
Bd. 16, 2002, ca. 300 S., ISBN 3-8255-0368-2, ca. 32,– €

➲ *Giefers-Wieland, Natalie*
Privatisierung im Strafvollzug in den USA
Eine Perspektive für Deutschland
Bd. 18, 2002, ca. 230 S., ISBN 3-8255-0383-6, ca. 30, – €

Zeitfracht Medien GmbH
Ferdinand-Jühlke-Straße 7
99095 Erfurt, Deutschland
produktsicherheit@kolibri360.de